青春文庫

ダ・ヴィンチ、ジャンヌ・ダルク、始皇帝、モーツァルト…

世界史の謎と暗号

歴史を変えた37人の奇妙な「痕跡」

歴史の謎研究会[編]

青春出版社

史実が創り出す壮大なミステリー——はじめに

人類の長い歴史の中には、説明のつかない不可解な出来事や怪事件が時代ごとにちりばめられている。その主役といえば、世界史に名を残した偉人やカリスマ、そして歴史的事件の中心人物たち。彼らをめぐる数々の「謎」は、時代を経てさらなる謎を呼び、壮大なミステリーを私たちに提供してくれる。

今から500年以上も前、わずか19歳で火刑に処せられた聖女ジャンヌ・ダルクが替え玉だったという噂の真相は？　150通りもの死因が取り沙汰された天才作曲家モーツァルトは本当に毒殺されたのか？　レオナルド・ダ・ヴィンチの絵画や手稿に込められた暗号の意味とは？　不可解きわまりないリンカーン暗殺の本当の黒幕は誰なのか？

これらの謎の多くはいまだ不透明のままだが、最近では遺髪などの痕跡を遺伝子レベルで分析することが可能になり、数百年を経て答に導かれるケースもみられる。

謎めいたストーリーに終わりは無く、時を超えてなお書き換えられているのである。そんな不思議の世界へご一緒に……。

2006年4月

歴史の謎研究会

世界史の謎と暗号■目次

第一章　歴史的事件の主役の謎と暗号

第二章　時代を動かした人物の謎と暗号

第三章 歴史の闇に消えた怪人の謎と暗号

第五章　「痕跡」が語る英雄の謎と暗号

カバー写真提供■ＰＰＳ通信社
図版・ＤＴＰ■フジマックオフィス

第一章
歴史的事件の主役の謎と暗号

ルイ14世（1638〜1715）

太陽王が怖れた「仮面の男」の正体

「ルイ14世」と聞いてピンとこない人でも、あのレオナルド・ディカプリオが主演し話題になった映画『仮面の男』（1998年、アメリカ）の役柄を記憶している方は多いだろう。

この映画で、ディカプリオはフランス皇帝ルイ14世と、その双子の弟の二役を演じている。双子の兄＝ルイ14世は、「太陽王」や「大王」と呼ばれ、フランス絶対王政の最盛期に君臨した国王である。一方の双子の弟＝仮面の男は、王の命で鉄仮面をかぶせられたままバスチーユ牢獄《ろうごく》に幽閉《ゆうへい》されていた。映画の中では、贅沢三昧で暴君と化すルイ14世のやり方に憤《いきどお》った銃士隊が、幽閉されていた弟を救い出し、替え玉作戦を実行する。

もちろんこのストーリーはフィクションだが、バスチーユ牢獄に仮面をつけた謎の囚人がいたこと、それを命じたのがルイ14世だったことは史実である。そして、「鉄仮面の謎の囚人」の正体とルイ14世との関係については、フランス史の大きな謎として、これまでさまざまな仮説が立てられてきた。

出世の秘密を封印したルイ 14 世

記録によると、仮面の男は1669年から亡くなる1703年までの34年もの間、囚人として牢獄に幽閉されていた。最期はバスチーユ牢獄で突然容態が悪化し、急死したという。

この囚人は、素顔を見せることも話をすることもまったく許されず、食事中さえ仮面をかぶせられていた。仮面は鉄ではなく黒いビロード製だったとの説もあるが、とにかく素顔は仮面に覆い尽くされていたのだ。そのくせ、なぜか厚遇《こうぐう》されていた。厳しい牢獄生活を強いられる一方で、専用の銀の食器と部屋が与えられるなど、他の囚人とはまったく別扱いで極めて厳重に管理されていたのである。

囚人が誰なのか、なぜ仮面で顔を隠されているのか？　牢獄長さえ知ることを許されなかった。

謎の囚人がルイ14世の厳しい管理下にあるとなれば、二人の間に大変な秘密が隠されているのではないかと、誰でも勘ぐりたくなる。

この謎をめぐる仮説についてはあとで触れるが、すべての仮説に共通する点が二つある。一つ目はルイ14世の出生の秘密に仮面の男が関わっているということ、二つ目は、囚人が仮面をかぶせられた理由で、「ルイ14世と瓜二つだった顔を隠すため」というものだ。

顔が瓜二つ……となれば、ルイ14世と仮面の囚人には何らかの血縁関係があったという考察が成り立つ。

まず、公式に知られているルイ14世の年譜だが、1638年にルイ13世と王妃アンヌ・ドートリッシュの長子として誕生。ルイ13世と王妃は長いこと子宝に恵まれなかったが、結婚から23年目にしてようやく待望の王子を授かった。やがて父のルイ13世が没すると王子はわずか5歳でフランス国王に即位。彼の幼少時に政権を握った宰相マザランの没後は、成長したルイ14世が親政を開始する。以後は太陽王の名に相応しい絶大な権力を得て、その象徴ともいえるヴェルサイユ宮殿を建てたり、ヨーロッパで最も大きな軍隊を作るなど、華やかな時代を築き上げていった。

「朕は国家なり」はルイ14世の有名な言葉である。しかし、怖いものなしに見えたルイ14世にも、大変に怖れるものがあったようだ。

それこそが、仮面の囚人である。

ルイ14世はいったい何を怖れて囚人の素性を強引な手法で隠し通そうとしたのだろうか？

仮説に移ろう。まず、その①として「ルイ14世双子説」。仮面の男はルイ14世の双子の弟だったというのである。

別の言い方をすれば、これは〝デュマ説〟で、19世紀の文豪アレクサンドル・デュマが名著『三銃士』の中で唱えたものだ。ちなみに、冒頭で触れた映画『仮面の男』は、デュマの小説が題材となっている。双子説の根拠だが、仮面の囚人とルイ14世が双子であることを記す機密文書が存在し、のちに発見されたという。

双子の弟が幽閉されるまでの経緯だが、まず誕生前にある予言者が「双子が生まれれば国は滅びるだろう」と不吉な予言をし、それを恐れた父ルイ13世が双子の弟の方を隠してしまった。しかし、あるとき、どこからか成長した弟が現れ、王位を脅かされることを恐れたルイ14世が捕えてしまったというのだ。

仮説その②は「異父兄弟説」。こちらは18世紀のフランスの思想家ヴォルテールが唱えたもので、ルイ13世の王妃アンヌと当時の宰相マザランの間に生まれた私生児が仮面の男だとしている。これは、王妃アンヌとマザランとの不倫関係が囁《ささや》かれていたことから出てきた仮説である。

そして仮説③が「異母兄弟説＝ユスターシュ・ドージェ説」。

近年歴史研究者らの間で注目されている説で、ユスターシュ・ドージェとは、仮面の男が埋葬されたときに記されていた名である。この名前は長いこと仮名だと考えられていたが、その後の調べでこの人物は実在していたことがわかった。そして、このユスターシュ・ドージェとルイ14世は異母兄弟の関係にあるというのである。

つまりこういうことだ。ルイ13世と王妃の間に世継ぎができないことを心配した側近のリシュリューが代理の父を探した。そして選ばれたのがフランソワ・ド・カヴォワという人物だった。彼はリシュリューの右腕の銃士隊長で健康と知性に恵まれ、代理の父には適任だった。この計画はうまくいき、ルイ14世が誕生する。一方、代理父と実の妻との間に生まれたのが、カヴォワ家の三男であるユスターシュ・ドージェ・ド・カヴォア。ドージェは、成長するとルイ14世の親衛隊の士官となるが、放蕩《ほうとう》に身を持ち崩し、士官はクビになってしまう。ついには借金まみれで一家の厄介者となった彼は、異母兄弟であることをネタに国王を脅すようになる。出生の秘密をバラされたくない国王は彼を捕らえ、幽閉してしまったというわけだ。そして、ドージェをはじめカヴォワ家の兄弟たちとルイ14世とは瓜二つだったと言われる。

他にも、複数の仮説があるが、ここに挙げた主な三つの説のうち、今最も信憑性ありと言われているのが3番目の異母兄弟説である。

いずれにしても、ルイ13世と王妃との仲が冷え切っていたことは事実であるし、ルイ13世には男色説もあった。しかも、王妃アンヌはスペイン王フェリペ3世の娘で、ルイ13世はスペイン人嫌いときている。そこで、王子の誕生など奇跡に近いようなもので、ルイ14世が実子でないことは、当時から噂の的になっていたようだ。しかし、「誰の子か？」についてはいまだ仮説の域を出られないままである。フランス革命時の国王ルイ16世も、この謎の解明に挑んだが、結局わからないままだった。

仮面の男は、1703年11月19日に大きな謎を残したまま獄死した。柩《ひつぎ》に収められたその遺体の顔は無残にも潰《つぶ》されていたという。そして、男が幽閉生活を送った獄舎の居室にあった家具や衣服はすべて焼却され、壁は塗り直され、彼の痕跡は跡形もなく消去されてしまった。

ルイ14世がそこまでして隠し通そうとした人は誰だったのか？　何を恐れていたのか？　すべては、仮面の中に封印されてしまった。

今後も、真相に迫るべく多くの研究家がこの謎に取り組んでいくことになるだろう。

ジャンヌ・ダルク（1411〜1431）
「オルレアンの乙女」のもう一つの伝説

ジャンヌ・ダルクといえば、フランスの国民的英雄であり、世界史上でもとびきり知名度の高い女性の一人である。

その人気を象徴するように、ジャンヌゆかりの地ロワール地方の中心都市オルレアン市では、毎年5月8日に「ジャンヌ・ダルク祭」が盛大に催される。5月8日というのは、ジャンヌの活躍によりイギリス軍に包囲されていたオルレアンが解放された記念すべき日だ。１４２９年のその日にちなみ、この祭典は５７０年以上にわたって続いているのである。

当時、日本は室町時代。フランスはイギリスとの百年戦争（１３３７〜１４５３）の只中にあった。簡単にいえば大陸における領土争いの戦争であり、当初はイギリス軍が優勢。フランス軍は、中部フランスの要地オルレアンまで包囲されて大いに苦戦していた。おまけにペスト（黒死病）の流行や人口減などいいことがなく、国民は貧しい生活を強いられていたのである。

そこに颯爽《さっそう》と現れ、フランス軍を率いてイギリス軍を討ち破ったのが「オルレアンの乙女」、若干17歳のジャンヌ・ダルクだった。彼女の登場により、劣勢にあったフランス軍は息を吹き返し、奇跡的な大勝利を遂げる。

一人の少女が、国の存続さえ危ぶまれる危機を救い、１００年戦争を終結に導いたのだから英雄になるのも当然だが、それだけでは、今ほどの知名度は得られなかっただろう。５００年以上を経てヒロインであり続ける理由は、聖処女としてのイメージに加え、奇跡と謎、そして悲劇に彩られた彼女の人生が、私たちを惹き付けるからだ。

ジャンヌの生涯には、次々と「まさか」のことが起こり続けた。

そもそも、17歳の少女が兵を率いて勝利できたことが奇跡であり、謎である。

きっかけは、13歳のときに初めて聞いた超自然的な「声」だった。その後、幾度となく耳にしたその声は、彼女にあることを命じるようになる。

「フランスを救え。オルレアンを解放して、皇太子シャルルをランスで戴冠《たいかん》させよ。皇太子の許へ行け……」

後の彼女の証言によると、声と共に聖ミカエルと二人の聖女マルグリットとカトリーヌが現れたという。フランス東部のドンレミという村のごく普通の農家の長女として生まれ、ごく普通の少女として生活していたジャンヌが、この声により国の運命を左右する決断をする。神のお告げに従い、この娘は本当に皇太子シャルルに会いに行き、フランスを救うために軍隊を貸して欲しいと大胆な申し出をするのである。

初対面の農家の娘の頼みごとである。しかも彼女に戦闘経験は皆無である。取り合わないのが普通に思えるが、なんと皇太子は彼女の要求をのみ、まずは数千人の兵を預ける。そして、ジャンヌ率いるフランス軍は、オルレアン解放戦線を突破口として、連戦連勝というさらなる奇跡を呼び起こす。

実は、このとき皇太子シャルルの置かれた立場は微妙だった。

1422年に父王シャルル6世が没すると、フランスは王位継承を巡って内乱状態に陥り、皇太子シャルルを推すアルマニャック派と親英的なブルゴーニュ派に二分。ブルゴーニュ派と連合するイギリス王ヘンリ6世は、イギリス・フランスの両王になることを宣言し、フランス領を次々と奪っていった。フランス皇太子シャルルの方は王位継承権を否認され、正式に王位につけないまま各地を転々としていたのである。このままイギリス優位の戦いを続けては、自分も国も共倒れになってしまう……。そんなときに現れたジャンヌは、皇太子にとって本当に救いの女神に見えたかもしれない。

しかも、ジャンヌは、皇太子の前で神秘的な能力を披露《ひろう》する。皇太子が誰にも明かさなかった秘密のお祈りの内容を言い当てたのである。その内容とは、「もし自分がフランスの正統な支配者なら、神が守ってくれる……」というようなものだった。初対面の人間に自分の秘密をズバリ言い当てられれば、心は動く。しかもジャンヌのスピーチは簡潔で説得力があったため、半信半疑だった皇太子は俄然《がぜん》少女を信頼し、兵を預けることにする。

奇跡は起り続け、オルレアン解放の後もジャンヌ率いる軍は着々と勝ち進み、パリ東部にある中心地ランスを進撃。そしてついに、この町で皇太子は戴冠式を行い、1

４２９年、正式な国王シャルル7世を名乗る。

またしても、ジャンヌは「ランスで皇太子を戴冠させよ」という神のお告げ通りのことをしてみせたのだ。

しかし翌年、ジャンヌの運命は暗転する。戦闘中にイギリス側と通じるブルゴーニュ派に捕らえられてしまうのだ。なんと、このときシャルル７世は恩人であるジャンヌを救おうとしなかった。彼女の大活躍を妬《ねた》む側近達に気兼ねしたこともあったのだろう。傍観《ぼうかん》したまま、ジャンヌの身柄はイギリス軍に確保されてしまう。

ジャンヌの存在は、フランスにとっては国を救った英雄だが、イギリスにとっては憎き天敵。そこでイギリス側は、ジャンヌを魔女に仕立てて宗教裁判にかけ、極刑の火刑を言い渡す。フランスを救った少女に送られた最悪のシナリオだった。

運命の１４３１年5月30日、水曜日、ルーアンのヴュー・マルシェ広場でジャンヌは生きたまま火あぶりの刑に処された。つまりは公開処刑である。広場中央にある高い台の上に立たされた彼女は、燃え盛る炎の中で「イエス様……!」という叫び声を残し、19歳という短すぎる生涯を終えた。魔女の最期を見届けようと集まっていた市民や兵士らの間からすすり泣きの声が広がったという。

すると、ここでまた不思議な事が起こった。彼女の肉体は全て灰になったが、心臓だけは焼けず、完全な形で残っていたというのである。

百年戦争が集結したのは、それから22年後のことだった。

実は、ジャンヌ伝説はまだまだ続く。

処刑から5年後の１４３６年、焼かれて死んだはずのジャンヌがメッツという町に現れた。その噂を耳にした二人の兄は早速会いに出かけるが、なんと、「妹のジャンヌに間違いない」と一目で認め、狂喜するのである。

その後、復活したジャンヌはオルレアンを訪問し、功労金をもらうなどして大歓迎を受けた。面会したシャルル7世も「やはりジャンヌ本人だ」と認めたという。

この復活劇の顚末だが、結局「偽ジャンヌ」だったという説がある一方で、政治的配慮から偽ジャンヌとされたが、実は本物で、彼女は故郷ドンレミに戻って幸せに暮らしたという説もある。

ジャンヌの出生にまつわるこんな説もある。実はジャンヌは王家の私生児で、シャルル7世の異母妹かもしれない、というのだ。その根拠だが、シャルル6世の愛人オデットが産んだ女の子が行方不明になっており、この女の子が出生したはずの１４１1年にジャンヌが誕生している。誕生後すぐに一般家庭に預けられたと考察すれば、有り得ない話ではない。一方で、シャルル7世の母イザボーと愛人の子ではないかとの異父妹説もある。

ともかく、こうした複雑な出生の理由からジャンヌは牢獄から救い出され、替え玉を立てて火刑を免れたというわけだ。他にも多くの風説が生まれたが、これもジャンヌが世界的に愛されている証拠なのだろう。

謎が深まるほど輝きを増す、オルレアンの乙女ジャンヌ・ダルク。彼女はやはり神に選ばれた存在だったのだろうか？

ルドルフ・ヘス（1894〜1987）
囚人7号替え玉説のいまだ解けざる謎

ベルリンにあったシュパンダウ刑務所に投獄されていた戦犯「囚人7号」は、幽閉されてから28年間もの間、妻子との面会を拒み続けていた。これ自体は珍しいことではない。過去に権力の座に就いたことのある者は、堕《お》ちたおのれの姿を人前にさらしたくないものである。たとえそれが妻であっても。

男の名前はルドルフ・ヘス。学生時代にヒトラーの演説に感銘《かんめい》を受けてナチス党（国家社会主義ドイツ労働者党）に入党後はメキメキと頭角《とうかく》を現し、ヒトラーの個人秘書を務めたのち、ナチスのナンバー3である副総統にまでのぼりつめた男。ヒトラーの代表的著作である『我が闘争』の執筆を手伝ったことでも知られている。

幽閉後28年たった1969年、囚人7号の心境に変化が訪れた。妻イルザとの面会に応じたのだ。このとき、イルザはあまりの夫の変わりように我が目を疑った。そこにいるのは、自分の知る夫とはまるで別人なのである。

最後に会ってから30年あまりが経過している。老いが容貌を変えてしまったのは仕方ないとして、自分が知っている夫とは声が違いすぎる。話し方も違う。身だしなみにうるさかったはずだが、髭《ひげ》も髪も伸び放題。囚人服のボタンが外れていても、気にする様子もない。それに何より、食の嗜好《しこう》が以前とは違いすぎる。夫ヘスは厳格な菜食主義者で、化学肥料を使ったものや肉類はいっさい口にしなかったはずだが、囚人7号は牛肉も鶏肉もガツガツと平らげてみせる。

「それに、こんな汚い食べ方をする人ではなかったけど……」

面会の間中、イルザは複雑な感情と戦っていたはずだ。

獄中の生活というのは、こうまで人を変えてしまうものなのか。もしかしたら自分の夫とは違うのではないか。囚人7号は妻イルザに疑念を抱かせたまま、1987年8月17日、93歳で死んだ。

真偽のほどはどうだったのか？

囚人7号とルドルフ・ヘスとは別人だったのだろうか？

話はヒトラーがロシアに侵攻する6週間前、１９４１年5月10日にさかのぼる。この日の夜、イギリスのグラスゴー近郊にある農場にメッサーシュミット１１０Ｄ型機が墜落した。パラシュートで降下したパイロットは農民に発見され、イギリスの国防市民軍に連行される途中、偽名を名乗ってハミルトン公との面会を求めた。

駆けつけてきたハミルトン公に対し、男は「自分はナチ副総統のルドルフ・ヘス」であると告げる。その上で、

「ドイツとイギリスは今交戦中だが、このまま戦争が長引けばイギリスは崩壊《ほうかい》の憂《う》き目に会う。ここは両国が手を結んで、共産主義国家ロシアに立ち向かうべきではないか」

そのように提案した。なにせ交戦国の領土に単身で降下したのである。ヘスにしてみれば、まさに命をかけた休戦交渉。ヘスをこのような行動に追い込んだのは、ナチスのナンバー2であるヘルマン・ゲーリングの存在である。秘密警察ゲシュタポの創設者でもあったゲーリングは、ヘスにしてみれば終生のライバル。彼を乗り越えて、ナンバー2の座に就くためには手柄を立てなければならない。そして思いついたのがイギリスとの休戦協定だった。イギリスとの和平さえ成立すれば、ヒトラーは真の敵

ロシアと存分に戦えると計算したうえでの行動だったのである。

目の前にいる男は、なんと敵国のナンバー3。驚いたハミルトン公は、すぐさまチャーチル首相のもとに走った。ところがチャーチルは、

「ドイツの副総裁が我々の手に落ちたというのかね」

と一笑《いっしょう》に付し、予定していた映画鑑賞に出向いてしまった。そんな馬鹿なことはないと、ハミルトン公の報告を無視してしまったわけだ。

しかし、その後の調べで、このパイロットはヘス本人である可能性がきわめて高いということが明らかにされた。ヘスと親しいとされていたハウスホーファー博士（元ミュンヘン大学の教授で、ヒトラーの世界戦略に大きな影響を与えたとされる学者）の手紙の写しを持っていたこと、子供の頃の自分の写真や夫人の持ち物であるライカのカメラを所持していたことなどが、本物らしいと判断された根拠だ。

とはいえ、ヘスの提案に耳を貸し、ドイツと休戦協定を結んでしまったのでは、イギリスは連合国諸国に「戦意なし」のレッテルを貼られてしまう。大英帝国のプライドにかけて、敵国ドイツの策略《さくりゃく》に乗ってしまうわけにはいかない。

結果的にヘスはイギリス軍により投獄されてしまった。

一方、ヘスの突飛な行動に対し、ヒトラーは烈火《れっか》のごとく怒った。イギリスとの和

平交渉など寝耳に水の話。自分に対しては、事前に一言の相談もなかったのである。

第2次世界大戦も終わった1946年。ヘスはニュルンベルグ裁判で終身刑を宣告され、連合軍が共同管理するシュパンダウ刑務所に投獄された。

ところがここに来て、「ルドルフ・ヘス替え玉説」が囁かれはじめたのである。

それもこれも、副総統の座にありながら敵国の真ん中に単身で降下するという突飛な行動のせい。そして、ヒトラーに無断で和平交渉をするという、常識では考えられない行動のせいだった。

替え玉説が俄然信憑性を帯びてきたのは、1973年に「囚人第7号」となったヘスを2度に渡って診察したイギリス陸軍病院のトマス医師によるショッキングな報告である。診察記録によると、第一次世界大戦中に、西部戦線で左手や上腕部を負傷したことになっているし、左胸に銃弾が貫通する重傷を負ったという記録もある。その他、街角の暴動で脚に怪我をしたり、頭部にビヤマグの直撃を受けたり、記録通りならヘスは身体中傷だらけのはず。ところがこの「囚人7号」の身体には傷一つなかったのである。

トマス医師がその疑問をぶつけると、囚人7号は青くなって、

「もう遅い」

ため息まじりにつぶやいたという。そこに重なったのが、冒頭で紹介した妻イルザの疑惑。長年投獄されていたという事実を差し引いても、夫の変貌《へんぼう》ぶりがあまりに激しすぎるという疑惑である。

結局、トマス医師は、「彼はヘスではない」と断定。確かに、数々の疑問点を検証すると、「ヘス替え玉説」が有力だという印象を受ける。

ではなぜ、替え玉が必要だったのか？

ここに浮上する疑惑の人物が、ナチス親衛隊司令官だったヒムラー。トマス医師の主張によると、ヒトラーを排してナチス総統の座に就くという野望を抱いたヒムラーが仕組んだ謀略《ぼうりゃく》だというのである。ヒムラーにしてみれば、ナチス総統の座につくには、副総統のヘスの存在が邪魔になる。二人は不仲だった。そこで、イギリスとの和平交渉にのぞんだ裏切り者に仕立て上げ、ヘスはもちろんのこと、その取り巻き連中をも排除するために、替え玉を立てて一芝居打ったのでないかというのである。ヘスを失脚させ、ヒトラーを裸の王様にするためにも、ヘスとその一派は永遠の裏切り者でなくては困るわけだ。

真偽のほどは定かではないが、権力者の間にその種の権謀術策《けんぼうじゅっさく》はつきものである。

では、本物のヘスはどこへ行ってしまったのか？

ヒムラーに殺害されたとする説もあるし、単身イギリスに向けてドイツを飛び立った段階で、ナチに撃墜されたという説もある。

真相を闇の中に残したまま、囚人7号は死亡した。死因に関しては諸説あり、鬱《うつ》病説もあるし、暗殺説もある。当初の死因は「老衰」とされたが、翌日には「自殺」と訂正されるなど、謎に包まれた死であった。

ラスプーチン（1872〜1916）
ヴェールに覆われた怪僧の秘密

超能力というものが本当にあるのか、トリックなのかは、答の出せない永遠の謎である。ただし、歴史上には、特殊な能力で話題をさらった超能力者候補が多数登場していることも事実。ここしばらく超能力ブームにわくロシアにも、そのルーツともいえる人物が存在していた。

帝政末期に登場したその人物の名はグレゴリー・ラスプーチン。怪僧、怪物、黒い悪魔、ロマノフ王朝の影の支配者、などさまざまに形容される悪名高き祈祷《きとう》僧である。

彼は、さまざまな予言を的中させ、ロマノフ王朝の未来を読み取っているが、その神秘的な能力は果たして本物だったのか？　史実をもとに検証してみよう。

まず、ラスプーチンは、帝政ロシア崩壊の序曲とも言える次のような予言をしている。

「1年以内に皇帝と皇后の間に後継者が生まれるだろう……」

このとき、ロマノフ王朝最期の皇帝ニコライ2世と皇后アレクサンドラは、後継者の誕生を切望していた。

予言は見事に的中。11カ月と半月後の1904年8月12日、本当に皇太子が誕生し、アレクセイと命名された。この時点で、ラスプーチンと皇帝一家との面識はまだないが、その後、ラスプーチンとロマノフ王朝は、やがて訪れる悲劇へと共に突き進むことになる。

ラスプーチンといえば、帝政ロシアの最期を語る上で常に名前があがる人物だが、もともとは皇室とは縁もゆかりもない人間だった。シベリアの比較的裕福な農家の次男として誕生。正規の教育はほとんど受けていないが、彼の娘の回想録によると、子供の頃からずば抜けた記憶力を持ち、超自然的な特殊能力を発揮していたという。一度読んだだけで聖書の全ページがすらすら暗記できた、馬の足の傷口に手を当てて治してしまった、など数々の逸話《いつわ》も残されている。

性格は浮き沈みが激しく、村ではけんか好きの問題児、そして女道楽で通っていたが、一方で霊的なものへ強い関心を寄せ、やがて近くの修道院を訪問しては、聖者たちの話に耳を傾けるようになる。その後、ギリシアのアトス山をはじめ長い巡礼の旅に出たラスプーチンは、巡礼の過程で出会う病人や瀕死《ひんし》の状態にある人たちを特異な能力で癒《いや》すようになる。ヒーリング能力、透視力、予知能力など、彼の異能は次第に研ぎ澄まされていったのだろう。信奉者も急速に増え、多くの人がこの「評判の予言者・治療師」のもとに集まってきた。鋭く突き刺すようなブルーの瞳はとりわけ女性たちの心をくすぐったようだ。ちょうど、贅沢な暮らしに退屈した上流階級の女性たちの間で、霊的な体験、予言などへの関心が高まっていた時期でもあり、皇帝一家の周辺にもその噂は広がっていく。

そして1905年11月1日、ついに皇帝に謁見《えっけん》する日がやってくる。ロマノフ王朝崩壊へのカウントダウンが始まった……。

その後皇帝一家とラスプーチンが親密になった理由は、アレクセイ皇太子の病にあった。ラスプーチンの予言通り誕生した皇太子は、血友病を患《わずら》っていたのである。

血友病は血液が凝固しない病で、内出血から手足が腫れ上がるなど深刻な症状を引き起こす。そして初の謁見から約2年後、3歳になった皇太子が転んで出血を起こし、宮廷付きの医師も手の施《ほどこ》しようがないほど悪化してしまったのだ。

ロマノフ王朝の影の支配者・ラスプーチン

母親であるアレクサンドラ皇后は大いに取り乱し、ラスプーチンにすべてを託《たく》す。そして、間もなく奇跡が起こった。祈祷を施すと、皇太子の病状は急速に回復に向かったのである。

この一件で、皇后はラスプーチンに絶対的な信頼を寄せ、何かにつけ彼を頼るようになる。相談の内容は内政や人事にまで及び、ラスプーチンは、ロシア皇室の中枢部に急接近していくのである。

時の皇帝ニコライ2世は、元来繊細《せんさい》で気が弱く、支配者としての能力もいまひとつ。皇后とラスプーチンの蜜月《みつげつ》を黙認するしかなく、最初は半信半疑だったものの、自らも信奉者となっていく。目の前で確かに奇跡は起こっていたからだ。

しかし、「ラスプーチンはイエス・キリストの再来」と言い、彼の発言を「神のお告げ」だと舞い上がる皇室に対し、非難の声があがったことは言うまでもない。

この頃、ロシアは第一次世界大戦で苦戦を強いられ、経済的にも危機的状況に陥っていたのである。民衆の不満は募《つの》りに募り、「帝政打倒！」の声が日増しに高まっていった。「あんな悪魔のような男に国政を左右されてはたまらない……」たくさんの憎悪の目がラスプーチンに向けられた。

不穏な空気が増大し始めたその頃、ラスプーチンはまた新たな予言をしている。

「私は1月1日（1917年）にこの世を去ることになろう……」

今度は自らの死期をも予言したのだ。さらに、自分が特権貴族や貴族の手で、あるいは皇帝一家の親戚の誰かに暗殺されれば、一家は2年以内に全員この世を去ることになるとも予言している。

実際、その予言通りになった。まずラスプーチン自身の死。

1916年12月29日、反対派の貴族らによってラスプーチンの暗殺計画が企てられ、深夜に実行された。

首謀者はフェリックス・ユスポフ公爵。帝政ロシアの大富豪である。共謀者《きょうぼう》は4名。皇帝の若き甥《おい》ディミトリィ・パヴロヴィッチ大公、国会議員のプリシェケヴィッチ、そして軍の将校であるスホーチン大尉、そしてラゾヴェルト医師。

この毒殺劇は、まさに悪魔退治のごとき凄《すさ》まじさだった。

まず、ユスポフ邸のパーティに招かれたラスプーチンは、宮殿の地下室に案内され、大量に毒が仕込まれたケーキとワインを勧められる。ところが、さすがは怪僧である。何を口にしてもビクともしない。慌てたユスポフ公は共謀者と相談し、今度は背後からピストルで撃つ。

しかし、ラスプーチンの生命力は、想像以上に強靭《きょうじん》だった。息絶えたかと思えば、いきなり目を見開き、獣《けもの》のような吠え声と共にユスポフの足につかみかかってくる。恐怖に青ざめ、必死で階段を駆け上がるユスポフ。あとをよろよろと追うラスプーチン。今度はプリシェケヴィッチが銃撃。再び地面に倒れたラスプーチンの死体をパニックに陥ったユスポフがこれでもかと殴りつけた。遺骸《いがい》は白布に包んでぐるぐると縛られ、車のトランクルームへ。凍結したネヴァ川に投げ捨てられた死体は、氷を割って深く沈んでいった。

このラスプーチン絶命までの詳細なストーリーについては、伝記にも記されているが、一部作り話だという説もある。本当はユスポフが至近距離から銃撃し、1度蘇生したものの再度狙撃されて絶命したというのである。人間が悪魔に打ち勝ったことを印象づけるために情報操作した可能性もあるが、定かではない。

ともあれ、彼の予言の通り、皇帝一家にも最期のときが巡ってくる。

1917年、ロシア革命で皇帝ニコライ2世は逮捕、退位。捕虜となった皇帝とその一家は、銃殺されてしまったという（ただし、ここから次頁で取り上げる「皇女アナスタシア」のミステリーが始まるのだが……）。約300年ロシアを支配してきた専制政治は、ついに終焉《しゅうえん》を迎えた。そして、ロマノフ王朝の崩壊は、ラスプーチンの予言に始まり、予言通りに終わった。

悪魔の化身か、救世主か？　ラスプーチンを巡る話題には脚色や誇張も多く実像はつかみづらいが、彼が異能を身に付けていたことは否定できない。

今、ロシアでは、超能力を科学的に分析する試みがさかんだ。やがて、ラスプーチンを巡る謎も科学の力で解明されるときが来るのだろうか？

皇女アナスタシア（1901〜1918？）
ロマノフ家最後の王女をめぐる闇

1917年のロシア革命。実権を握ったロシア社会労働党のボリシェビキによって、ロマノフ王朝の皇帝ニコライ2世は、皇后、皇太子、そして4人の皇女とともに捕らえられ、エカチェリンブルグのイパチェフ館での監禁生活を強いられた。ところが翌年、皇帝一家7人と4人の従者が館から忽然《こつぜん》と姿を消してしまう。

皇帝一家はどこへ行ってしまったのか？

皇后の祖国であるドイツなどからも調査団が派遣されたが、革命後のロシアでは革命勢力の赤軍と反革命勢力の白軍との間で内戦が繰り広げられていたこともあり、一家の行方はつかめないままだった。

それでも1919年になると、ロシア反革命派がソコロフという調査官を派遣。1

924年にパリで出版されたその報告書は、一家を皆殺しにしたと報告するボリシェビキの電報、現場の目撃者談、頭髪をはじめとした遺品を証拠に連らねてあった。その結果「イパチェフ館の半地下にある食堂で11人全員が殺され、近くの廃坑に捨てられた」と断定。

この結論が定説となった。

ところがその後、ソコロフの挙げた証拠はどれもニセ物で、彼は前任の2人の調査官が掴んだ証拠まで握りつぶしていたことが判明する。

前任者の調査内容は次の通り。殺されたのは皇帝やお抱えの医師のみで、皇后、皇太子、そして4人の皇女たちは生存してベルミという町に運ばれて監禁された。そこからさらに西に移送され、移送中に皇太子は持病の血友病により命を落としたらしい。しかし、皇后と4人の皇女のベルミ駅以降の足取りはプッツリと途絶えたままというものだった。

結局、皇后と4人の皇女の行方は歴史の闇の中に葬り去られるかに思えたのだが、1922年、ベルリンの精神病院に収容されていた一人の若い女性が、「私はロシア皇帝の娘、アナスタシアです」

そんな発言をして、世界中を驚かせた。彼女は1920年の夏、ベルリンのラントベール運河に身を投げたところを警官に救われ、精神病院に収容されていたのだった。

ロシア革命で失墜したニコライ2世にはオリガ、タチアナ、マリア、アナスタシアという4人の皇女がいた。つまり、アナスタシアというのはニコライ2世の末娘である。彼女は次のように語った。

「私の家族は1年半前に銃殺されました。でも私は姉の陰に隠れていたため、ケガだけで済んだのです。やがて私はチャイコフスキーという兵士に救われ、ルーマニアに逃げましたが、チャイコフスキーはブカレストの市街戦に巻き込まれて死亡してしまったのです。彼の子供を身ごもった私は、男の子を出産しましたが、孤児院に預けてベルリンにやってきました。そして街中をあてもなく彷徨《さまよ》っているうちに絶望感に襲われ、運河に身を投げたのです」

センセーショナルなアナスタシア王女の物語はヨーロッパ中を駆けめぐり、人々の格好の話題の種となった。本物に違いない。いや、きっとロマノフ王朝の財宝目当ての偽物に違いない。この興味津々のゴシップ的話題は旧ロシア王家の血縁者をも巻き込み、身元確認の裁判にまで発展する。1928年にスタートしたこの裁判は、第二次世界大戦をはさんで1970年まで続き、西ドイツ連邦最高裁まで持ち込まれた。

確かにこの女性は、写真に残されたアナスタシアと容貌がそっくりだった。それに、本物しか知り得ない事実を知っていた。たとえば第一次大戦中にペテルブルグ郊外の離宮に「アーニーおじさま」ことヘッセン大公がやってきた話。これは当時としては極秘事項であった。

疑問点もある。彼女の右耳の後ろには細長い傷痕がある。〝本物派〟に言わせると「虐殺者に殺されかけたときの傷」ということになるが、〝偽物派〟によると、「あれは骨性結核の手術の跡。アナスタシアが骨性結核になったという事実はない」ということになる。

また、ローザンヌ警察の鑑識は、「アナスタシアの耳は縁の上部が薄いのに、この女性はその部分が垂れ下がっている」などという微細な部位の報告書を提出した。また、この女性がドイツ語は流暢《りゅうちょう》に話すが、ロシア語はあまり流暢ではないというのも、偽物派の主張だった。

その他にもさまざまな材料が提出されたが、結局、裁判はシロクロをつけることができなかった。そしてこの女性はロシア皇女だと認定されないまま、アメリカに渡り1984年に世を去った。当人が死んでしまったのでは、この一件は迷宮入りかと思われたのだが……。

1991年の夏、エリツィン大統領の許可によりスペルドロフスク（旧エカチェリンブルグ）の森で皇帝一家のものと思われる700個の遺骨が発掘され、世界に公表された。これもペレストロイカにともなう情報公開の一環である。

その後、法医学者アブラモフ医師らの手によって、1年がかりで遺骨が組み立てられ9体の遺骸が完成した。この遺骸を対象に、イギリス内務省法医学研究所のジル博士らのグループがDNA鑑定を開始。1995年には、その結論が出た。

遺骨はニコライ2世と皇后、そして3人の皇女のものだと判定されたのだ。しかし、そこにはアナスタシアと、血友病で死んだとされる皇太子のものは含まれていなかった。

さらに博士らは、「自分はアナスタシアだ」と主張した女性のDNA鑑定にも着手した。彼女は既にアメリカで死亡していたが、1979年に腸の手術を受けており、そのときの腸の断片がバージニアの病院の病理検査部に保管されていたのだ。

その結果、この女性は皇帝の娘ではないことが判明した。DNA鑑定という科学のメスが入ったことにより、ようやくにして裁判の決着がついたことになる。

では本物のアナスタシアはどこに消えてしまったのか？　この女性は、アナスタシアに関する詳しい情報をどこで仕入れたのか？

その後2001年になって、この問題はまたまた世界の注目を集めることになった。実はジル博士らのDNA鑑定に異を唱える人物が現れたのである。

その人物とは、北里大学で法医学と臨床血液学を担当する長井辰男教授と岡崎登志夫助教授。ニコライ2世の洋服に付着していた汗、弟のゲオルギー大公の骨や毛髪や爪、甥の冷凍保存血液などをDNA鑑定し塩基配列を調べるという、より高度な鑑定を行なった。そして、「スペルドロフスクの森で発掘された遺骨はニコライ2世のものではない」という衝撃的な結論を下したのである。

さらに、「自分はアナスタシアだ」と主張した女性のものとされる腸も別人のものではないかという疑惑も浮上。紆余曲折《うよきょくせつ》を経て、アナスタシア伝説はまたもや振り出しに戻ったのである。

ニコライ皇帝の末娘、アナスタシア。幼い頃は快活で茶目っ気があり、みんなの人気者だったという。

カエサル（前100〜前44）
ローマの英雄を殺した〝二人のブルータス〟

イエス・キリストが登場するおよそ100年前、「ユリウス・カエサル」は誕生した。古代ローマ最大の政治家と言われ、民衆から「ローマの父」として慕《した》われたカエサルは、英語読みの「ジュリアス・シーザー」の名でもよく知られている。暗殺される際に残した「ブルータス、おまえもか！」という言葉はあまりに有名だが、これは、後年のシェイクスピアの戯曲『ジュリアス・シーザー』の中の台詞で、史書によると、実際に言った最後の言葉は、

「息子よ、おまえもか！」

だったという。実はどちらの言葉も発しなかったという風説もあるが、ともかくカエサルは権力の頂点を極めた矢先に、14人の暗殺部隊によって倒されてしまう。その暗殺部隊の中にブルータスもいた。「息子よ、おまえもか！」という言葉が本当ならば、ブルータスは「カエサルの息子」ということになるのだろうか？

一般に「息子よ、おまえもか！」（戯曲では「ブルータス、おまえもか！」）とカエサルに言わせた人物は、マルクス・ブルータスとされている。カエサルには多くの愛人がいたが、ブルータスは、その愛人の一人だったセルウィリアという女性の息子である。カエサルの胸の内には「もしや、自分の子では？」という思いがあったとも言われている。心中はさておき、カエサルはブルータスに目をかけ、政界進出の後ろ盾をし、重要な役職にも就かせている。つまり、ブルータスにとってカエサルは大の恩人。なぜその恩人を裏切り、暗殺部隊に加わったのか？

まずは、当時の政治的背景を理解しておく必要があるだろう。

カエサルがローマの政界に登場したのは「内乱の1世紀」と呼ばれる時代。当時、市民の間に貧富の格差が広がり、国内は混乱を極めていた。共和国といってもそれは名ばかりで市民の不満が膨れ上がり、権利闘争が続いていたのである。その内乱を鎮《しず》めるべく前60年にはカエサル、ポンペイウス、クラッススの3名の実力者が手を組み、第一回三頭政治を開始。ローマの秩序の確立を目指す。

3名の中でもいちばんの人気者はカエサル。彼は名門貴族の出身だが常に市民の側に立った改革を志し、気さくな人柄もあって民衆の絶大な支持を集める。西ヨーロッパのローマ化を進めるなど、軍事力も発揮するが、クラッススの死後は三頭政治のトライアングルがくずれ、カエサルとポンペイウスが対立。保守派の元老院はポンペイウスを利用してカエサルを潰そうとするが、カエサルは屈しない。「賽《さい》は投げられた！」と決戦の意志を固める。前48年にはポンペイウスを破って、翌年ローマに凱旋《がいせん》。前44年には終身ディクタトル（独裁官）兼インペラートル（最高軍司令官）となり、単独支配を確立する。抜群の軍事力でエジプトなど各地を征服し、貧民の救済にも務めるが、力を持ちすぎたカエサルは憎悪の的になってしまう。

ローマでは、かつて王政を倒して共和政を勝ち取った誇り高い歴史があった。その歴史が王政に対する強いアレルギーを生んでいたのだ。何としても共和政の伝統は守らなければいけない……。ついに「カエサルは王になろうとしているのではないか?」と疑念を抱いた反対者が立ち上がる。

運命の前44年3月15日、元老院の議場にやってきたカエサルに、待ち構えていた暗殺者が襲い掛かった。彼らは「ローマに王はいらない!」「独裁者はいらない!」と口々に叫びながらカエサルに短刀を突き刺した。その暗殺者の中にブルータスの姿を認めたカエサルは抵抗をやめ、数十箇所を刺されて絶命する。この時代から、配下の裏切りによる惨劇は繰り返されてきたのだ。

マルクス・ブルータスはもともとはカエサルと対立したポンペイウス派に属していたが、ポンペイウスの死後はカエサルの派閥に属し舎弟となる。ただし、心情的にはあくまで共和政支持者であり、事実上の独裁者となったカエサルに対して強い反感を覚えたようだ。

14人の暗殺者のうち、マルクス・ブルータスを含む5人がカエサル派の部下だと言われるが、実は裏切り者のブルータスはその中にもう一人いた。

名前はデキムス・ブルータス。

カエサル派を代表する有能な将軍で、当時40歳だった。20歳の頃から配下だったデキムス・ブルータスのことをカエサルは親しみを込めて「青年ブルータス」と呼んでいたという。カエサルが彼に一目置いていたいちばんの証拠が遺言状に記されていた。

遺言状はカエサルの死の翌日に開封されたが、第二相続人としてデキムス・ブルータスの名が挙げられていたのだ。第一相続人はカエサルの姪の息子オクタヴィアヌス。当時まだ18歳の青年だったが、カエサルは早くから彼の統治の才能を見抜き、養子としてカエサルの家名を継がせようと考えていた。そして、次の後継者候補として、また遺言執行責任者として指名されていたのがデキムス・ブルータスだったのである。

後継者候補ナンバー2。そのことは信頼の証であり、デキムス・ブルータスは、マルクス・ブルータス以上に頼りにされていたことがうかがい知れる。なにしろ、デキムスの方は数十年を共に過ごし、共に戦ってきたカエサルの大の戦友なのである。たとえ血縁はなくても「息子よ」と言わしめるほどの情を感じていたはずだ。その戦友が、自分に刃を向けるとは……。カエサルにとってはまったくの誤算。陰謀家たちが暗殺計画を立てていることはうすうす気づいていたとしても、デキムス・ブルータスが加担しているなどまったくの想定外だったはず。

こうした理由から、「息子よ、おまえもか」の言葉を生んだブルータスは、マルクス・ブルータスではなくデキムス・ブルータスの方ではないかと主張する研究者も少なくない。

デキムス・ブルータスにしてみれば、自分がそれほど信頼され、死後を託されているとは思いも寄らなかった。こちらも大誤算。遺言状の内容を知ったときは、さすがに蒼白《そうはく》になったとも伝えられている。後悔しても後の祭りだったが……。

名言と〝二人のブルータス〟の謎を残したまま、英雄は倒れた。やがてカエサルの遺言通りにオクタヴィアヌスの養子縁組が公認され、彼は初代皇帝となってヨーロッパの広範囲を支配する大帝国を築いた。結局、この暗殺劇は共和政から帝政（独裁制）への移行を早める結果となり、カエサルは、神話的英雄になった。

最後の瞬間、カエサルを激しく動揺させたブルータスが誰だったのか、最大の裏切り者がどちらのブルータスだったのか、あとは個々の想像に任せるしかない。

クレオパトラ（前69〜前30）
歴史を変えた絶世の美女伝説の裏側

古代エジプト・プトレマイオス王朝の女王・クレオパトラといえば、美人の代名詞。我が国では楊貴妃《ようきひ》、小野小町《おののこまち》と並ぶ「世界三大美女」の一人として広く知られている。

「絶世の美女」のイメージを広めたのは、何といっても18世紀の哲学者パスカルの次の言葉だろう。

「クレオパトラの鼻がもう少し低かったら歴史は変わっていただろう」

なぜ「歴史は変わっていた」かといえば、クレオパトラがあまりに美形ゆえ、カエサル、アントニウスというローマの二人の英雄を恋の虜《とりこ》にしてしまった。その世紀の恋が国をも巻き込みエジプトとローマ帝国の運命を変えた……。パスカルの言葉と共に後世に伝えられた有名な史実だが、では私たちはクレオパトラの素顔についてどれだけのことを知っているのだろう？

実は、彼女の真の姿を伝える史料はあまりに少ない。なにせ2000年以上も前の美女の話である。いくつかの彫像が残っているものの、あくまでクレオパトラと推定されるものにすぎない。クレオパトラ時代の遺跡・ハトホル神殿の壁面に描かれたクレオパトラの像は本人のものとされているが、これもエジプトの女神イシスの化身として描かれているため、実像とはかなり異なるという見解が多い。つまり、「絶世の美女」で「英雄を虜にする妖婦」だったことを示す証拠品はほとんど無いに等しいのである。

わずかな史料から伝えられるクレオパトラ像は、鼻は大きなわし鼻で口は大きめ。美人の基準は時代ごとに変化するとはいえ、これだけで絶世の美女と判断するのは難しい。ギリシアの哲学者・伝記作家のプルタルコス（46頃～120頃）が著した『英雄伝』にも「彼女の美貌そのものは並外れたものではなく、見る人に衝撃を与えるほどではなかった……」ということが記されている。

つまり、本当はとりたてて美人ではなかった？

クレオパトラの化粧の技術が高度だったことは確かだが、プルタルコスの記述が正しいならば、彼女の容姿そのものは〝ごく普通〟ということになってしまう。

このように、クレオパトラの素顔はとても曖昧で見えにくいのである。

正式に言うとクレオパトラという名のエジプト女王は6名いた。私たちがよく知るのは「クレオパトラ7世」。彼女だけが世界史に名を残した理由は、容姿以前に約300年続いたプトレマイオス王朝の最後の女王であり、数奇な運命を辿《たど》ったことにあるだろう。しかも、歴史のヒロインになるべく魅力を兼ね備えていた。

プルタルコスの記述によると、クレオパトラ7世（以下クレオパトラ）の魅力は「美貌より教養と魅力的な会話」にあったようだ。つまり会話上手。言語も達者で7カ国語を操り、「楽器を操るように、どの国の言語でも好きなように舌を変化させることができた」というから、かなりの才媛だったことが読み取れる。

世界の歴史を変えたのは、クレオパトラの「高い鼻」より「知性と教養」だったのかもしれない。

その実像に少しでも近づくために、クレオパトラの人生を手短に辿ってみよう。紀元前69年、彼女はプトレマイオス12世の娘としてエジプトの都アレクサンドリアで産声を上げた。幼少時代のことはほとんど記録にないが、非凡な知性の持ち主で、プトレマイオス王朝の女王としては初めてエジプト文字と言葉を学んだという。

この王朝は、王家の血を純潔に保つために姉弟や兄妹同士で結婚する伝統があり、クレオパトラも17歳のとき9歳の弟のプトレマイオス13世と結婚し共同統治を行なう。一時は内紛で王位を追われるが、この時期にタイミングよく出会ったローマの実力者カエサルの助力を得て女王として復活。貢物の敷物にくるまってカエサルに近づいたという話は有名である。部屋に届けられた大きな贈り物を開けたら、包みの中から裸体の美女があらわれる。そんな衝撃的な出会いにより、カエサルはクレオパトラの虜になってしまう。二人の間には30歳ほどの年齢差があった。

カエサルの暗殺でこの恋にピリオドが打たれるが、今度はカエサルの後継者アントニウスと出会い恋に落ちる。アントニウスは同じカエサル派の後継者オクタヴィアヌスらと第二次三頭政治を形成した実力者。彼は、クレオパトラとの出会いのあと一度はオクタヴィアヌスの姉と結婚するが、その後離縁してクレオパトラと正式に結婚。これに怒ったのがオクタヴィアヌスである。ローマ市民も激昂《げっこう》した。

「エジプト女王の色香に惑わされ、アントニウスはすっかり腑抜けになってしまった……」

評判はがた落ちで、ついにオクタヴィアヌスが宣戦布告。アクティウムの海戦でクレオパトラ・アントニウス連合軍は敗れ、二人は自殺に追い込まれる。クレオパトラの享年は39歳。毒蛇にわが身を噛ませたと言われるが、死因は完全には解明できていない。

プルタルコスの主張によると、イチジクの入った籠《かご》の中に毒蛇が隠されており、クレオパトラはその中に自分の腕を入れて噛ませたという。また、蛇は一匹ではなく何匹もいたと主張する古代ローマの詩人ホラチウスの説などもある。

結局、クレオパトラの死をもってプトレマイオス朝は滅亡。エジプトは、強大になったローマの属州となるのである。

古来より、クレオパトラは淫売婦、悪女、魔女などと形容され、美女とはいえとかく悪評が高かった。美貌を武器に二人の権力者を手玉に取り、政治的に利用したというイメージが強すぎるのだろう。ただし、これはあくまで一面的な見方に過ぎない。クレオパトラの言動の基本に、「自分の王朝を死守する」という一貫した思いがあったことも見逃すことはできないだろう。

実は、最近になって「妖婦」としてでなく、「有能な政治家」としてのクレオパトラ像に注目が集まっている。そのことを裏付ける証拠品の一つが、近年ドイツ・ベルリンのエジプト博物館で発見された「免税認定布告書」である。これはクレオパトラが課税についての指示を記した行政文書で、その内容や発令時期から、最後のサインはクレオパトラ直筆の可能性が高いと言われている。クレオパトラの政治手腕を知る一端だが、他にもクレオパトラの謎の解明に大きく貢献するであろう大発見があった。

1996年、エジプト・アレクサンドリア「東の港＝イーストハーバー」の海底に沈む古代エジプトの王宮遺跡が、フランスの海洋考古学者フランク・ゴディオ氏らによって確認されたのである。その中にはクレオパトラの宮殿跡と見られる遺跡もあり、すでに謎の解明が進んでいる。2000年の眠りから醒めた大遺跡の解明にはかなりの時間を要するものの、今後、厚いベールに包まれていたクレオパトラの実像が少しずつ明らかになっていくことだろう。

マタ・ハリ（1876〜1917）

歴史の闇に消えた世紀の女スパイの真実

2001年10月15日、フランス法務省にマタ・ハリの名誉回復を求める再審請求が提出された。

再審を要請したのは、「マタ・ハリ基金財団」と、出身地オランダのレーウワルデン市。「マタ・ハリに死刑を宣告した1917年の裁判は冤罪《えんざい》だった」「マタ・ハリはフランス政府に濡れ衣を着せられただけだ」と主張しての再審請求だった。

あの大女優グレタ・ガルボも演じたことで知られる「マタ・ハリ」は、女スパイの代名詞のような存在である。まばゆいばかりの美貌と妖艶《ようえん》な仕草で政府高官や軍のトップを誘い、機密事項を聞き出す女スパイ。

しかし、本当に彼女は「世紀の女スパイ」だったのだろうか？

1917年10月15日にパリ郊外のヴァンセンヌの古城で、スパイ容疑で射殺されてから約90年。再審請求がなされたことからもわかる通り、今、出身地オランダを中心にして彼女の名誉回復を求める動きが出ている。いったいどんな女性だったのか？　歴史の闇に葬られていた女スパイの真実の一端に触れてみたい。

本名はマルガレーテ・ゲルトルード・ツェレ。1876年8月7日、オランダ北部のレーウワルデン生まれ。18歳のとき陸軍大尉と結婚し、2人の子供をもうけるが、26歳で離婚。パリに出て絵画のモデルなどをしていたが、見よう見まねで踊ったインド風の舞踊が評判を呼び、ダンサーとしてデビュー。気品を感じさせる美貌と豊満な肉体。しかもエロチックなダンスを踊りながら、ベールを一枚ずつ脱いでいく。観客は息を呑み、彼女はまたたく間に人気者となる。パリのオランピア劇場やミラノのスカラ座でも好演しているが、「マタ・ハリ」というのはこの頃の芸名で、インドネシア語で「暁の瞳」という意味だ。彼女自身周囲の人々に、自分はインドの生まれでヒンドゥーの血が流れていると公言していたらしい。

彼女の妖艶な魅力はドイツのベルリンでも評判をとった。このとき、彼女の踊りは猥褻《わいせつ》だという訴えが匿名で警察になされたが、調査に乗り出した警察官が彼女の虜になってしまったという逸話もある。自分の美貌と妖艶さが、男たちに対して強力な武器になるという事実を、彼女は知り尽くしていたのだろう。

1916年。既に40歳になっていたマタ・ハリに一つの転機が訪れた。アムステルダムでドイツ領事のクローマーに「スパイにならないか」と持ちかけられたのである。これが女スパイ、マタ・ハリのスタートラインだ。

承諾したマタ・ハリに領事は「H21」という登録ナンバーを与え、スパイの小道具である秘密インクを手渡し、2万フランの前金を渡した。当時の2万フランといえば、5つ星ホテルのスイートルームで2年間は過ごせる金額である。この大金を持ってパリに渡ったマタ・ハリだが、この時点ではさしたる仕事はしていない。

なにせパリでは大スター。多少衰えたとはいえ、輝く存在である。相変わらず美貌と豊満な肉体を武器に、取り巻きの男たちの熱い視線を浴びていた。これは間違いなく快感。「H21」の任務などどこかへ吹き飛んでしまうような快感であったに違いない。実際彼女は、クローマーに渡された秘密のインクを運河に投げ捨ててしまっている。

そんな彼女の情事の相手はほとんどが軍人だった。その中の一人にフランス情報部の取りまとめ役であるジョルジュ・ラドゥーがいた。マタ・ハリはこの男に目をつけた。というのも、当時マタ・ハリは19歳年下のロシア人将校に夢中で、彼に会うためにどうしても通行許可証が必要だったのだ。通行許可証を入手するために、ラドゥーに急接近。武器はもちろん自分の肉体である。このときラドゥーは、通行許可証を与え、交換条件として「フランスのためにスパイとなって働かないか」と持ちかけていた。ラドゥーはおそらく、彼女が「H21」と命名されたドイツのスパイだという事実を知っていたに違いない。そのうえで、二重スパイになれと誘ったのだ。

マタ・ハリをめぐる人間関係は、ますます複雑になっていく。

彼女の生きていた時代は第一次世界大戦の最中。イギリス、フランス、ロシアなどの連合軍と、ドイツ、オーストリアなどの同盟国とが戦闘を繰り広げていた時代である。とくに激しく対立していたのがフランスとドイツ。戦争を裏で支える両国の秘密情報部も激しく対立し、執拗《しつよう》に情報戦を繰り広げていた。そこにイギリスが、両国を牽制《けんせい》しながら探りを入れるという、いわば三つ巴《どもえ》の情報戦がなされていた。ドイツのクローマーに「H21」を持ちかけられ、ラドゥーにフランスのスパイを持ちかけられたマタ・ハリも、強烈な意思があったかどうかは別にして、政治的駆け引きの渦の中に吸い込まれていった。彼女がもし動機を聞かれたなら「お金のためよ」、あるいは「男のためよ」と答えたかもしれない。

同じ年の12月、マタ・ハリはマドリッドでドイツ大使館のアーノルド・カレ少佐に接触した。スカートの下で脚を怪しげに動かして彼の気を引き、ドイツの潜水艦に関する情報を得る。このときマタ・ハリは、「男なんて可愛いものよ」と思ったかもしれない。しかし、このドイツ男はそれほど甘くはなかった。カレはドイツの情報部に問い合わせて、マタ・ハリがフランスが送り込んだ二重スパイであるという事実をつかんでいたのである。

その上で彼は、マタ・ハリに言った。

「フランスが使用している暗号をドイツは解読したんだよ」

これはいわゆるガセネタ。ドイツはまだフランスの暗号を解読していなかったが、このしたたかなドイツ男は、逆にマタ・ハリからフランスの機密情報を聞き出すことに成功している。彼としては、マタ・ハリを通じてフランスにガセネタや役に立たない古い情報をつかませ、攪乱《かくらん》するのが目的。ドイツはマタ・ハリを見捨て、フランスを偽情報で意のままに操ろうとしたわけだ。いずれにしろ、マタ・ハリはドイツ男の手玉にとられただけである。そこには情報戦におけるプロとアマチュアの違いがうかがえる。

カレはマタ・ハリと接触して得たフランスの情報をさっそくベルリンに打電。カレとベルリンの通信は、敵側が解読済みの古い暗号で行なわれていたため、情報は連合国側に筒抜けだった。

そして1917年2月13日。マタ・ハリはフランスのホテルでフランス政府に逮捕された。もちろん、スパイ容疑。ドイツのスパイ容疑である。きっかけは、カレがベルリンに向けて打電した「H21に1万5千マルクを送金せよ」という電文がフランス当局にキャッチされたことだとされている。もちろん「H21に前金で1万5千マルク渡してフランスへ送り、任務を遂行させせよ」というカレに届いた返事も、すべてフランスに傍受されていた。すべてカレの想定通りだった。

軍事法廷に掛けられ、死刑宣告を受けたマタ・ハリは、逮捕から8カ月後に銃殺されている。どんな情報をドイツに流したのか、具体的にはまったく証明できないままの、あまりにスピーディな結末だった。マタ・ハリが盗んだ軍事機密は、連合軍側兵士5万人の死に相当すると判断されたのだという。

女スパイとして後世に伝えられたマタ・ハリだが、実際にスパイとして活動していた期間はわずか1年程度に過ぎない。彼女自身、取調べの際にこのように言っている。

「高級娼婦、それは認めます。スパイ？　とんでもない……」

その後の風説では、フランス政府は軍の被害が甚大《じんだい》になり、国民に不満と疲弊《ひへい》感が広がるなか、マタ・ハリを処刑することで国民の不満のガス抜きをするのが目的だったのではないかとされている。ドイツのスパイ、マタ・ハリの処刑は戦意高揚の手段だったというわけだ。それが、再審のポイントにもなっている。

真偽は闇の彼方だが、もしかしたらマタ・ハリは単なる恋多き女性だったのかもしれない。彼女にとってみれば、スパイも恋の小道具の一つだった可能性もある。

第二章

時代を動かした人物の謎と暗号

モーツァルト（1756〜1791）

囁かれる「毒殺説」の解けざるミステリー

音楽の都ウィーンの「中央墓地」にあるモーツァルト記念碑の前には、連日多くの観光客らが訪れ、献花が絶えない。ただし、実際に遺体が眠っているのは数キロ離れた「聖マルクス墓地」の方で、ここにモーツァルトの墓がある。四角い台座に「MOZART」の文字が記された墓の右側には、うつむいた天使の像が立っている。

実は、この墓の下にもモーツァルトの遺体はない。墓は、広大な墓地のどこかにモーツァルトが眠っていることを示す目印にすぎないのだ。

この印は、モーツァルトの謎にみちた晩年と死を物語っている。

ウィーン古典派の天才作曲家、モーツァルトの華麗な生涯に何があったのだろうか？

1756年1月27日、オーストリアのザウツブルクで音楽家レーオポルトの末子として生まれたヴォルフガング・アマデウス・モーツァルトは、わずか3歳でピアノを覚え、5歳で最初の作品『メヌエット』を作曲した。この〝ザウツブルクの神童〟はたちまち評判となり、6歳のときから父と共に演奏旅行して回るようになる。やがて

モーツァルトの死にはいくつもの謎が絡みあっている

大司宮廷音楽家となり、1781年にはウィーンで独立。代表作である歌劇『フィガロの結婚』や『魔笛』、そして三大交響曲など626もの名曲を書き残した。しかし、最後の曲『レクイエム』の作曲中に35歳の若さでこの世を去る。

1791年12月5日、午前零時55分、永眠。

翌日、聖シュテファン教会で行なわれた葬儀は最下級の第三クラスで行なわれ、そのまま遺体は共同墓地に埋葬された。死者名簿に記された死因は「急性粟粒疹熱《ぞくりゅうしんねつ》」。

なぜ、あれだけの偉大な音楽家の葬儀が最下級で、共同墓地なのか？　埋葬場所がわからないとはどういうことか？　誰でも不思議に思うだろう。同じウィーン古典派の大作曲家ベートーヴェンの葬儀には2万人の参列者があり、皇帝の葬儀を上回るほどの規模だったというから、モーツァルトの葬儀がいかに質素なものかがわかるだろう。

その理由は、晩年モーツァルトの人気が凋落《ちょうらく》し、経済的に困窮していたこと、そして、妻コンスタンツェが体調不良を理由に葬儀を欠席し、葬儀の仕切りをパトロンであるファン・スヴィーティン男爵に任せてしまったことにあるようだ。記録によると葬儀は一つ上の第二クラスと決められていたのだが、不手際があって最下級になってしまった。会葬者のうち、埋葬に立ち会った者もなく、結局、埋葬場所はわからなくなってしまったのである。

　こうした天才音楽家にそぐわない状況から、数々の陰謀説、毒殺説が取り沙汰されるようになる。

　毒殺の容疑者の一人は、なんと妻コンスタンツェだ。

　コンスタンツェが怪しまれた理由は、夫の死後の不可解な行動の数々にあった。夫婦は9年間の結婚生活の間に6人の子供をもうけ（そのうち4人は死亡）、夫婦関係はそれなりにうまくいっていたとも伝えられるが、コンスタンツェは葬儀に出なかったばかりか、葬儀後、墓を建てようとせず、墓地にも近づこうとしなかった。都合が悪いことを隠すように手紙などの遺品もほとんど処分している。もともと浪費家、気分屋、浮気っぽいなど、あまりいい話がないうえ、モーツァルトの死後、すぐに再婚している。となれば、「さては恋愛感情のもつれで、夫が邪魔になって毒殺？」と邪推《じゃすい》されるのも無理はない。しかし、確証はなし。

　では、誰が……？

　次に、最も注目された毒殺の容疑者といえばアントニオ・サリエリだろう。サリエリはイタリアの作曲家で当時ウィーンの宮廷楽長をしていたが、ライバル同士だったモーツァルトの才能を妬んで毒殺を企てた……。この説は映画『アマデウス』（198

4年、アカデミー賞獲得）によって広く知られるところとなる。

「サリエリ毒殺犯説」はモーツァルトの死後40年ほどたった頃から囁かれ始めた。噂の発端はロシアの作家プーシキンの戯曲『モーツアルトとサリエリ』らしく、この戯曲の中にサリエリがモーツァルトを呼び出して毒を盛るという場面がある。実際はどうなのだろう？　サリエリは死の直前に精神錯乱の状態にあり、毒殺を告白したとも言われるが、この説についてはは極めてフィクションに近いと言わざるを得ない。なぜなら、サリエリはその才能を十分評価されていたし、宮廷楽長という地位にまで上り詰めて経済的にも安定していた。高潔かつ品位ある人物像も伝えられている。殺すほどの動機はやはり見当たらないのだ。

一方で、フリーメーソンによる陰謀説もある。

フリーメーソンは、社会的地位のある職人（石工）ら自由思想を持つ男たちが集まった秘密結社で、友愛、平等、平和を求めた運動は当時急速に広まっていった。モーツァルトも1784年にこの結社に加入。亡くなるまでの7年間メンバーとして積極的に活動し、フリーメーソン用に曲も書いている。『魔笛』はフリーメーソンの精神を歌い上げたものだが、曲の中で結社内部の秘密を暴露したり、暗号をちりばめるなどしたため、怒りを買って償いのために殺害されたという説があるのだ。

しかし、『魔笛』の台本を作ったのはモーツァルトに作曲を依頼したメンバーだったことなどから、やはり信憑性は乏しい。この説は第二次世界大戦の少し前に流れ始めたことから、国粋主義を唱えるナチス党が、世界主義を唱える同胞団体とユダヤ主義を迫害対象としたという事情が絡んでいたとも言われる。つまり、フリーメーソンを犯人に仕立て上げることは、ナチスにとって都合のいい情報操作だったというわけだ。

こうした毒殺説、陰謀説がしきりに囁かれたのは、モーツァルトの病気が中毒症状を呈していたことにもあるだろう。死亡した年の前半からモーツァルトは衰弱が目立ち始め、音楽活動は継続したものの、11月半ばに床についたきりになってしまう。その後みるみる衰弱し、手足はひどく腫《は》れ、動かすたびに痛むので寝返りも打てないほどだった。嘔吐《おうと》、紫斑《しはん》、関節痛、頭痛などにも次々見舞われている。

これらの症状から、多くの研究家が臨床的に本当の死因を推理した結果、出てきたのが「リウマチ熱から心不全になったという説」、「ペスト説」、「水銀中毒説」、「腎臓病説」、「フィラリア説」、「結核説」、「脳炎説」、「慢性硬膜下血腫説」などだ。変り種では、よく火を通していないカツレツを食べて寄生虫に感染したとする「カツレツ死因説」、子供のときから旅続きで体を酷使しすぎたための「過労説」まである。トータルすると150通りもの死因があるというが、最近の研究では、腎炎説、水銀中毒説が有力である。

毒殺なのか、病死なのか、本当の死因は何なのか？　科学的に真相を調べようにも、遺体も裏づけとなる遺品もなし。さらに、死後にとられたデスマスクも行方不明のままである。結局、音楽史上最大の謎は永遠の謎になってしまった。

ベートーヴェン（1770～1827）
死後200年…分析された「遺髪」は語る

1994年、ロンドンのサザビーズのオークションで意外なものが落札された。ロマン主義音楽の先駆者《せんくしゃ》である大作曲家ベートーヴェンの「遺髪」である。価格は7300ドル。日本円にして約75万円。落札者はアメリカのアルフレッド・ゲバラ医師らだ。

肖像画でも知られるように、ベートーヴェンといえば長くウエーブがかかったあの髪型が印象的だ。その毛髪が、ガラスのロケットの中で二世紀近くも眠り続け、時空を超えてやってきたのである。

遺髪はどのような経緯を経てきたのだろうか。

まず、ベートーヴェンが亡くなったのは1827年3月26日。享年57歳。直接の死因は肝臓と腸の疾患だった。翌27日、音楽家のフンメルと弟子のヒラーによって遺髪が切り取られ、ロケットに収められた。ヒラーの死の直前に息子のパウルに譲られた遺髪は、巡り巡ってデンマークの港町ギレライエの町医者の所にたどり着き、最終的にはその養女ミシェルの手に渡って競売にかけられた。

遺髪を落札したゲバラ医師らの目的は、ベートーヴェンの毛髪を科学的に分析することだった。アリゾナ大学医療センターの実習用手術室でついにロケットが開かれると、茶と灰色が交じり合った細い髪の輪があらわれた。さっそく毛髪のDNA鑑定が研究チームによって始められ、謎の多かったベートーヴェンの「病」に関する多くのことが判明したのである。

その内容に触れる前に、病苦と闘い続けたベートーヴェンの生涯を簡単に振り返ってみよう。

1770年12月16日、ドイツのボンで誕生したルートヴィヒ・ヴァン・ベートーヴェンは、宮廷歌手だった父ヨハンに幼い頃から音楽の手ほどきを受け、早くから才能をあらわす。〝ボンの天才少年〟は支持者にも恵まれ、宮廷オルガニストなどでキャリアを積んだのち、父母の死後は二人の弟の面倒を見ながら音楽活動を続ける。ウィーンに移り住んだ1792年以降に本格的な作曲活動を開始し、ウィーン貴族からも熱い支持を受けるが、順風満帆《じゅんぷうまんぱん》に思われた矢先、音楽家にとって致命的ともいえる耳の病に襲われてしまう。聴覚障害である。

難聴に悩まされるようになるのは26歳の頃で、次第に聴力が失われていく。40代後半からは、両耳がほとんど聴こえず筆談に頼らざるを得なくなるが、その中で『悲愴』『月光』『熱情』など32曲のピアノソナタやピアノ協奏曲、『英雄』『運命』『田園』など9曲の交響曲や弦楽四重奏他、数々の名曲を生み出していく。彼が生きた時代は、ちょうどフランス革命やナポレオン戦争の只中で、大きく揺れ動いていた。その中で、共和主義を貫いたベートーヴェンは自由で平等な社会の確立を求め、王侯貴族に隷属《れいぞく》していた音楽家の地位の向上に務めたのである。

フランスの作家ロマン・ロランは「ベートーヴェンの一生は、嵐の一日に似ている……」と言ったが、その言葉通り、その人生は波乱万丈。激動の時代、過酷な運命と常に戦い続けていた。しかも、彼を襲った病は聴覚の喪失だけではなかった。他にも慢性的な腹痛や下痢、うつ症状、リューマチ、眼病などに次々見舞われ、晩年には肝臓もひどく蝕まれてしまった。なぜ、病にばかり苦しめられるのか？　ベートーヴェン自身も釈然とせず「なんとしても本当の理由を知りたい」と思ったに違いない。その証拠に、生前、自分の病気の解明を弟子に託していたという。

そしてついに約170年後。ベートーヴェンの思いがかなうときがくる。遺髪が衝撃的な事実を示してくれたのだ。

話を前に戻そう。研究チームがベートーヴェンの遺髪をDNA鑑定した結果、まず通常の100倍近い鉛が検出された。

そこで一気に浮上したのが、以前テレビ番組でも取り上げられた「鉛中毒説」である。

では、いったいなぜそれほど大量の鉛を摂取していたのか？　鉛中毒の主犯人としてよく挙げられるのは次の三点である。①当時鉛中毒と関連が深かった「グラス・ハーモニカ」という楽器、②川沿いの鉛製造工場から流れてきた鉛に汚染された「ドナウ河の魚」、③ワインの甘味料の製造に使われていた「鉛使用の青銅器」。

どれもベートーヴェンの生活に関わっていたが、中でも密接だったのは③だと推測される。ベートーヴェンは酒飲みで、相当量のワインを死の直前まで飲んでいた。専門家によると、鉛中毒で耳が聴こえなくなるケースは極めて稀だというが、中毒症状としてさまざま神経障害があらわれることは確かである。

「ヒ素中毒説」も注目を集めた。

通常の30倍というヒ素も検出されたためだ。ベートーヴェンはライン河で採れる川魚が好物だったが、当時のライン河は工業排水で汚染され、ここに棲息する川魚もかなり汚染されていたという。ヒ素の慢性中毒症状には、末梢神経障害、肝障害、皮膚障害などがあり、ベートーヴェンを悩ませていた症状と符合する点も多い。

さらに、以前から疑われていた「梅毒説」もある。

このSTD（性行為感染症）は、感染直後から段階を踏んで進行し、次第に全身へと症状が広がっていく。ときに頭痛や難聴もみられ、10年以上が経過すると心臓や血管、脳までが蝕《むしば》まれていく。神経系が冒された結果、個人の衛生状態の悪化や気分の浮き沈みが激しくなるなどの症状が現れるケースもあるという。

短気、怒りっぽい、忘れっぽい、気まぐれ、猜疑心が強い、粗雑、そしてときに快活で社交好き、いたずら好き……。これらはすべてベートーヴェンの性格として言い伝えられているものだ。その激情型性格は年齢と共に激しさを増していったというから、これを神経梅毒の一症状とする考察は十分に成立するわけだ。ちなみに、シューマン、ニーチェ、ボードレールなど梅毒を患っていたとされる歴史上の才人たちも、激情型という共通項がある。また、遺髪からは、当時梅毒の治療薬として使用されていた水銀も相当量検出されている。

「鉛中毒説」、「ヒ素中毒説」、「梅毒説」のうち、どれが耳疾の直接的原因になったかは専門家の意見も分かれるところだが、毛髪が示す複合的要因によってベートーヴェンの体が徐々に蝕まれていったことは間違いない。

1824年に完成した『交響曲第9番』は後年の代表作で、最高傑作とも評されているが、作曲した当時ベートーヴェンは聴力をほぼ失い、胃腸などあちこちが蝕まれ、経済的にも楽な状態ではなかった。その中で、奇跡的な創作力を発揮していることもまた事実である。つまり、遺髪から検出された毒性物質の驚くべき数値は、ベートーヴェンの超人ぶりを示す証とも言えるだろう。

遺髪は「銅、ナトリウムを多く含み、亜鉛が少ない」という分析結果も出ているが、専門家によると、このことは天才に共通する傾向だという。天才の遺髪は、どこまでも、常識破りだった。

ルイ17世（1785〜1795？）タンプル城で死亡したのは別人だったのか

2004年6月8日、パリ郊外のサン・ドニ聖堂で、史実に隠された一つの謎に終止符を打つべくあるものの埋葬式が行なわれた。

あるものとは、「ルイ17世の心臓」である。この日はフランス革命の最中にわずか10

歳で病死した王子ルイ17世の命日にあたる。200年以上を経て、彼の心臓は、歴代のブルボン王家の人々が眠る墓地に埋葬されることになったのだ。

なぜこの時期に、なぜ心臓だけが埋葬されるのか? その経緯をたどっていくと、ルイ17世をめぐるフランス革命のミステリーにたどりつく。

ルイ17世が死亡したのは1795年6月8日。心臓はその死の翌日、遺体を解剖したフィリップ・ジャン・ペレタン医師によって摘出された。その真意は定かでないが、心臓はハンカチにくるまれて持ち出され、アルコールで固定後、乾燥保存されて、多くの人手に渡りながら現代に至った。

にわかにこの心臓がクローズアップされたのは、ミレニアムの2000年。ベルギーのルーバン大学とドイツのミュンスター大学で、ルイ17世の心臓と母親であるマリー・アントワネットの遺髪、そして彼らの子孫にあたる人々から採取したDNAの照合鑑定が行なわれたときだ。この親子鑑定は、ルイ17世の死体が別人のものではないかという疑惑から始まっている。王子は幽閉されていたタンプル塔で病死したと公式発表されていたが、実はタンプル塔から脱出し、亡命したのではないかという説が長いこと論争の対象となっていたのである。

この悲運の王子は、フランス国王ルイ16世と王妃マリー・アントワネットの第二子で、第二王子ルイ・シャルルとして1785年に誕生した。しかし、ヴェルサイユ宮殿での華やかな生活は長くは続かなかった。ルイ17世にとって、悲劇の前兆は、4歳のとき兄のルイ・ジョセフが早世し、王太子となったことだろう。その直後の1789年7月14日、自由と平等を求める民衆が立ち上がり、絶対王政の象徴だったバスティーユ牢獄を襲撃。これを契機にフランス革命が勃発する。

国王一家はパリから国外逃亡を図るが革命派に捕らえられ、人民の捕虜としてパリに連れ戻されてしまう。一家は絶体絶命。タンプル塔という古く陰気な建物に幽閉され、生活は一変する。間もなく、父のルイ16世に死刑判決がくだり、断頭台で処刑。その直後、さらなる悲劇が王子を襲う。反革命派によってフランスの新国王「ルイ17世」に指名されたルイ・シャルルは、母や姉から強引に引き離され、タンプル塔内でたった一人隔離されてしまうのである。追い討ちをかけるように母マリー・アントワネットが国費を浪費した罪で処刑。その2年後にルイ17世は病死する。

ルイ17世の約2年にわたるたった一人の幽閉生活は、風も光も入らない一室で、食事だけが差し入れられるというあまりに悲惨なものだった。最後は汚濁《おだく》の中で神経も体も冒されて腹痛と吐き気に苦しみながら亡くなったという。母マリー・アントワネット曰く「善良で可愛らしい」王子の面影はそこにはなかったはずだ。遺体を解剖した結果、直接の死因は結核で、結核菌が腸を冒していたことが判明するが、結核で亡くなったこの少年の「別人説」がすぐに浮上した。

確かに、亡くなった少年がルイ17世だという証拠は何一つなかった。死後、肉親や近しい者による遺体の検証も行なわれていないため、別人説や生存説が出て来るのも無理はない。

そして、死亡から数十年が経過した1833年、ついに「私はルイ17世本人です」と名乗る男が現れた。当時、「自称ルイ17世」が数多く名乗りを上げたが、その中で、国王一族を知る人々を驚かせたのがシャルル・ギヨーム・ノンドルフという男の登場だった。彼はドイツ国籍を持っていたが、幽閉されていたタンプル塔から脱出する過程やその後の足跡、さらには幼少時代の記憶を詳細に語ってみせた。

彼と面会した王家の元使用人らも、その話の内容が本物のルイ17世のそれと見事符合することを証言している。たとえば、王家に仕えていた夫人が幼き王子がベルサイユ時代に着ていた服の話をすると、ノンドルフは「その服はベルサイユ宮殿で一度着ただけですよ」と答えた。夫人は愕然《がくぜん》とした。その発言が事実だったからだ。

それに、何より容姿が似ている。彼の顔立ちは両親と国王一族の特徴を十分に備えていた。種痘の痕や上唇にあった傷痕なども、幼少のルイ17世にあった印と同じであり、「彼こそ本物！」とたくさんの元使用人が太鼓判を押した。

これで実姉の証言が得られれば、確証に変わるはずだった。が、不思議なことに肝心の姉マダム・ロワイヤルは頑としてノンドルフとの面会を拒否し、会おうとしない。結局ノンドルフが熱望した姉との面会は叶わぬままイギリスに追放され、その後オランダのデルフトに移った年に病死している。1845年のことだった。

無念の死を遂げたノンドルフの墓には、意外なことに「ルイ17世」の文字が刻まれている。オランダ司法大臣が、「フランス国王ルイ16世と王妃マリー・アントワネットの子息ルイ17世」としてノンドルフの死亡書類の作成を認めたからだという。彼がルイ17世だったことを認める書類が存在していたとも言われるが、定かではない。さらにその後、権威ある複数の筆跡鑑定者が筆跡鑑定を行なったが、ノンドルフとルイ17世が同一人物であることを一様に認めている。やはりタンプル塔で死んだ少年は、身代わりだったのか？

こんな話もある。タンプル塔で病死した少年は長さ162センチの柩に収められていたが、ルイ17世はずっと小柄で、8歳の時点で1メートル程度だった。たった2年で60センチ近くも伸びるとは考えづらく、このことも身代わり説に拍車をかけた。実際、19世紀に遺骨を調査したところ、10歳よりも年上の少年の遺骨だという結果が出ている。他にも身代わり説を裏付ける報告が相次ぎ、ますます信憑性を帯びていった。

そして、最終審査ともいえる2000年のDNA鑑定の結果は……?

鑑定チームは、なんと「タンプル塔で病死した少年は、やはりルイ17世本人に間違いない」という結論を導き出した。また、ノンドルフの遺体のDNA鑑定も行なった結果、マリー・アントワネットとの関係性は一切ないことも明らかにした。

身代わり説、亡命説はあっけなく覆されたのだ。

もっとも、鑑定に使用された試料は相当古く、心臓の保存状態も良好ではなかった。同じ試料でも異なる結果が出るなど、分析には困難を極めたという。そこで、異論を唱える声もまだ根強くあるが、ひとまず身代わり説をめぐる調査にピリオドが打たれる形となった。そして、ルイ17世の心臓は、ようやく父と母の元で安らかな眠りについたというわけだ。

それにしても、ノンドルフとは何者だったのか? なぜあれほど幼少期の出来事を詳しく知っていたのか? なぜ姉はノンドルフとの面会を頑なに拒んだのか? 深い謎はやはり残る。歴史の大波に翻弄され、あまりに劇的な運命を辿った一人の王子の悲しきミステリーは、まだ完結していない。

レオナルド・ダ・ヴィンチ（1452〜1519）
万能の天才の実像を解く「一枚の絵」

2003年にアメリカで発行された小説『ダ・ヴィンチ・コード』（ダン・ブラウン著、越前敏弥訳、角川書店）が大ベストセラーになって以来、世界的に注目されるダ・ヴィンチの謎。

レオナルド・ダ・ヴィンチといえば、『モナ・リザ』や『最後の晩餐』を制作した「万能の天才」として知られるが、彼が描いた数々の名画にも、その生涯にも実に多くの謎がある。小説はダ・ヴィンチが残したコード＝暗号を読み解きながら殺人事件の真相に迫っていくという展開だが、題材には事欠かないほどダ・ヴィンチの絵には奇怪な暗号の数々が隠されていた。

ここでは、世界一有名な肖像画『モナ・リザ』から、ダ・ヴィンチの謎に迫ってみよう。この一枚の絵だけ見ても、不思議なことはいくつも見つかる。モデルは誰なのか？　謎めいた微笑みが生まれた理由は？　眉がないのはなぜ？　本当に未完成だったのか……？　これらの謎を読み解くうちに、ダ・ヴィンチの複雑な人間像も一つずつ浮き彫りになってくる。

まず、この絵の制作期間は1503～1506年。ダ・ヴィンチが50代に入ってからの円熟期の作品である。幼児期から素描や彫刻などで芸術の才能をあらわしたダ・ヴィンチだが、出生地イタリア・フィレンツェのヴェロキッオ工房に弟子入りしたのは14歳のとき。20歳で親方（マエストロ）の資格を取得し、独立後はミラノに移る。絵の注文がない不遇の時代も味わったが、ミラノ公をパトロンに得て宮廷に出入りするようになると最盛期を迎え、大作『最後の晩餐』などの名画を生み出す。ミラノ公の失脚でフィレンツェに戻ったのが1500年頃。その数年後に『モナ・リザ』の制作を開始している。

ダ・ヴィンチは遅筆で知られ、絵の完成までには長い年月を要したが、『モナ・リザ』には約4年を費やし、しかも未完成のままだった。他にも未完の作品が多いが、その最大の理由は、ダ・ヴィンチの性癖にありそうだ。

医学や自然科学、建築まであらゆる分野に精通していたダ・ヴィンチだが、少年時代から奇才ぶりを発揮する一方、移り気な性癖も目立っていたという。伝記作家ヴァザーリの『ルネサンスの画人伝』によると、一つの学問を短期間で修熟したものの、何事も長続きしないことが多かったようだ。ただし、素描や彫刻の制作など芸術の世界は例外で、一向に飽きる様子なく没頭していた。

ダ・ヴィンチは自らの絵画にどんな思いを託したのか

画家として独立してからもその点は変わらず、構想を練りに練り、納得いくまで膨大な量の素描やスケッチをし、目の前の作品に精魂を傾けた。完璧主義で凝り性なのである。しかし、遅筆ゆえに制作期間中には移り気な一面も顔を覗かせる。集中して描いていたかと思えば、いきなり下絵の段階で仕事を放棄してしまったり、未完のまま放置したり、制作途中で突然姿を消してしまうことも珍しくなかった。完璧主義と、飽くなき好奇心と、移り気と……、ダ・ヴィンチの複雑な人間性が垣間見られる制作風景である。待ちぼうけをくわされた依頼主からは「絵はまだできないのか?」と催促を受けることもあったが、それでもダ・ヴィンチはマイペースを貫いたのである。

『モナ・リザ』の場合は、左手が未完成なのだとヴァザーリは指摘する。絵の中の女性は右手を上にして手を組んでいるが、右手の完成度と比較すると下になった左手は仕上がりが不十分な印象を受けるというのである。ただし、この絵については未完のまま放置することはなく、むしろ最後の最後まで手元に置き続けた。

となれば、気になるのはモデルだ。ずっと側に置きたいほど愛する女性だったのでは? と考えたくなるが、彼の生涯には女性の影がほとんど見られず、生涯独身を貫いている。

真のモデルはいまだに特定されていないが、いくつかの説がある中で、最も有力視されているのはフィレンツェの富豪、デル・ジョコンド氏の夫人、エリザベッタである。これはヴァザーリが唱える説だが、「モナ」というのは英語の「ミセス」、「リザ」は「エリザベッタ」の愛称で、「モナ・リザ」。ヨーロッパでは、『モナ・リザ』のことを「ジョコンダ」と呼ぶが、これはジョコンドの婦人という意味なのである。

もう一人のモデル候補は、自らの肖像画を発注していた貴族の女性イザベラ・デステ。その肖像画『イザベラ・デステの肖像』のスケッチがモナ・リザとよく似ているところから出てきた説である。他にも、後援者ジュリアーノ・デ・メディチの愛人説から自画像説まであるが、この絵の中の暗号を解読するうえでは、エリザベッタ＝ジョコンド夫人説が最も符号しやすいようだ。

たとえば、今も私たちを魅了し続けるモナ・リザの微笑みの理由としてジョコンド夫人のこんなエピソードが伝えられている。実は、彼女がこの絵の制作中に娘を亡くしてしまい、大きな悲しみを抱えていた。そこでダ・ヴィンチは、楽師や道化師を呼んでモデルであるジョコンド夫人の表情を和らげようと工夫を凝らし、結果的に謎めいたあの微笑が生まれたというのである。

また、モナ・リザの左目頭に小さなしこりがあることから、体を病んでいたのではないか？　手や指がふっくらしているのは、妊娠していたからではないか？　眉がないのも病気のせいでは？　といったさまざまな仮説が取り沙汰されている。

イザベラ・デステについては、依頼した自画像の催促がしつこかったなどの理由でダ・ヴィンチは彼女を「嫌っていた」という説と、才媛の彼女に恋心を抱き、「唯一興味をもった異性」という両極端の説があるが、真相はわかっていない。

ダ・ヴィンチはメモ魔としても知られ、詳細な日記も残しているが、その日記の中にも『モナ・リザ』のモデルの手がかりは見つからない。日記に記された女性といえば母カテリーナただ一人。その生涯で生活を共にしたことのある女性もカテリーナ一人きりだったのである。

女性にはあまり興味がなかったのだろうか？　イザベラ・デステに対する感情がどうだったかはさておき、ダ・ヴィンチの女性観に深く関わっていそうなのが、彼の生い立ちである。

生まれたのはイタリア・フィレンツェ近郊のヴィンチ村。父は公証人、母は貧しい村娘だったが、父と母は正式に結婚していない。つまり、ダ・ヴィンチは私生児だったのである。母はダ・ヴィンチが生まれて間もなく別の職人と結婚したため、父の家で育てられた。比較的裕福な家庭ではあったが、ダ・ヴィンチは婚外子であることから家庭の中で冷遇され、きちんとした教育も受けられなかったという。結局、実の母と初めて対面したのは17歳のとき。こうした複雑な家庭環境が、ダ・ヴィンチの内面に影を落としたはずだ。とりわけ母に対しては特別な思いがあったのだろう。晩年は息子を頼ってきた母を家に呼んで初めて生活を共にし、病気のときも実によく面倒を見ている。

母以外に生活を共にした人物としては、弟子のジャコモが知られている。

ダ・ヴィンチは38歳のとき、当時10歳の少年だったジャコモを引き取った。ジャコモは絵のモデルにもなっているが、『若い男の頭部』という素描にも描かれている通り、とても美しい少年だったようだ。ところが、ジャコモは別名「サライ＝子悪魔」という通り、かなりの問題児。盗癖があった。ダ・ヴィンチの日記には、ジャコモについて「泥棒で嘘つきで強情、大食らい」と記されているが、なぜかダ・ヴィンチは彼には甘く、モノを盗んでも厳しく咎《とが》めることもなかった。それどころか、多くの装飾品を与えるなど、惜しみなく愛情を注ぎ続けたほどだ。

二人が同性愛の関係にあったのかどうか、確たる証拠はないが、最近の研究者の多くは、ダ・ヴィンチが生涯で最も愛したのはジャコモだと考えている。

実は、ダ・ヴィンチは同性愛の罪で告発された経歴もあった。

24歳のとき、当事17歳の少年が同性愛者だとして匿名の告発を受けた。そして、少年の相手になった男性の一人としてダ・ヴィンチの名が挙げられていたのだ。取調べを受けたものの、結局は証拠不十分で放免。以降は監視の目にさらされることとなる。

当時、同性愛は重罪とされたが、中世ヨーロッパでは決して珍しいことではなく、とりわけ画家や知識人の間では男色がごく普通の時代。ダ・ヴィンチが修行時代を過ごしたフィレンツェの工房でも、その気配は濃厚だった。そこで、ダ・ヴィンチには常に同性愛説がつきまとうのだが、いずれにせよ『モナ・リザ』が彼にとって特別な存在だったことは間違いない。

その証拠に、ダ・ヴィンチは晩年フランソワ1世の招きでフランスに渡った際に『モナ・リザ』も持参している。この名画が現在フランスのルーブル美術館にあるのは、彼がこの名画を手元に置いたままフランスで没したためだ。

死の直前まで、筆を入れ続けたとも言われるが、ダ・ヴィンチがどのような思いでこの絵と向き合っていたのか、その胸の内は計り知れない。膨大な謎と暗号を残し、67歳で永眠。死後500年ほどが経過した今、世界中の人々がダ・ヴィンチの遺した暗号解読に夢中になっている。

2005年には、ダ・ヴィンチの自筆の研究ノート「レスター手稿」が日本に上陸。東京で初公開されたが、この手稿はすべて文字の左右が反転した鏡文字で記されている。鏡に映すことで解読できる不思議文字。なぜわざわざ手間をかけて文字を逆さに書いたのか、理由はわかっていない。

左利きだったからなのか？　他人に読まれたくなかったからなのか？

謎はつきないが、ここに挙げたものは、ダ・ヴィンチをめぐる謎のほんの一端に過ぎない。

チンギス・ハン（1162頃〜1227？）
出自にまつわる不思議な言い伝えと霊廟の謎

世界史上には解明が困難とされる多くの謎があるが、地道な研究が近年になって実を結ぶケースもみられる。

モンゴル帝国の創始者であり、元《げん》国の太祖であるチンギス・ハンの埋葬地もその一つ。墓所は21世紀の今まで不明のままで、世界史の大きな謎とされていたが、2004年になって、チンギス・ハンの霊をまつる霊廟《れいびょう》跡が日本・モンゴルの合同調査団によって発見されたのである。

見つかったのは、モンゴルの首都ウランバートル東部の草原地帯にある広大な「アウラガ遺跡」。事前の調査でチンギス・ハンの宮殿がここで発掘されていたが、霊廟の痕跡はその宮殿の一角にあった。霊廟というのは偉大な人物の霊をまつる建物で、中国の歴史書『元史』によると、君主が亡くなると「焼飯《しょうはん》」と呼ばれる祭りが3年間毎日そこで行なわれたのだという。具体的には馬、羊、酒、絹織物などを穴に入れて焼いたそうで、調査の結果、動物の焼けた骨や灰が詰まった直径1・5メートル、深さ1メートルほどの穴が数箇所で見つかった。

さらに、周辺の地中のレーダー探査から穴は他にも数百以上点在していることも明らかにされた。史料などから、遺体埋葬場所はモンゴル東部を流れるヘルレン川流域とみられていたが、アウラガ遺跡もちょうどその位置にある。はるか昔、この場所で連日のように焼飯の儀式が行なわれたことは間違いないようだ。

霊廟はあくまで霊をまつる所だが、その発見は、遺体が埋葬された墓所を知るための重要な手がかりと言われている。というのも、『元史』に次のような記述があったからだ。

「この霊廟から君主の墓までの距離は5里の外」

発見された霊廟と墓との位置関係はすでに示されていた。そこで、調査団は「アウラガ遺跡から半径12キロ以内にチンギス・ハンやその後継君主らの墓がある」という見解を示した。埋葬場所の範囲が特定されたことで、世紀の大発見に向けて大きく前進する形となったわけだ。

それにしても、偉大なる皇帝の墓の在り処《あか》はなぜわからなくなってしまったのか？

素朴な疑問がわいてくるが、どうやらチンギス・ハンの埋葬地は当初から計画的に隠蔽されていたようだ。その理由については、盗掘を避けるために場所を特定しなかった、というのが通説だが、そもそもモンゴル人には遊牧民の常で古くから墓を作る習慣がなかったのである。たとえ、帝国の君主の墓であろうと……。

チンギス・ハンの後継者オゴタイの時代に書かれた見聞録には、次のような記述がある。

「墓には盛り土がない。屍体を埋めたところは馬で踏みならして、平地のようにする。テムジン（チンギス・ハン）の墓には、矢をつきさして垣とし、巡邏《じゅんら》の騎卒がこれをまもっている」

墓の位置を曖昧にするために、あえて平地のように土をならしていたことがわかる。埋葬地周辺の警戒がようやく解かれたのは、遺体を埋めた場所から草が青々と生え、跡がわからなくなって以降のことだった。痕跡がすっかり消し去られ、目印となる記念碑も何もないとなれば、後代の人々が埋葬場所の特定にてこずるのも無理はない。

こうして、チンギス・ハンを巡る世界史の謎が一つ生まれたのだが、彼にはもう一つ生誕にまつわる見逃せない謎がある。

話はチンギス・ハンが没した時代から誕生した1162年頃へと遡る。〝1162年頃〟としたのは、正確な誕生日が不明であり、諸説あるためだ。同時代の歴史書を見ても生誕の年月についてはバラつきがみられるが、ともかく、12世紀の半ば過ぎにモンゴル部族キャン氏族の族長だった父エスゲイと母ホエルンの長子として誕生したのがテムジン（「鉄の人」の意味。のちのチンギス・ハン）だ。

実は、チンギス・ハンは動物の子孫だったという不思議な言い伝えがある。『元朝秘史』というモンゴル民族の歴史物語によると、チンギス・ハンの遠祖は上天の命をうけて生まれた蒼き狼と、その妻であるなま白い牝鹿との間に生まれたバタチカンだというのである。そのバタチカンの子孫がチンギス・ハン。

謎解きをすると、「蒼き狼」は草原を縦横に駆け巡る強者の象徴、「白い牝鹿」は優美さの象徴であることから、この〝狼鹿交配伝説〟は生まれたようだ。そして、チンギス・ハンはこの伝説を好み、自分が青い狼と白い牝鹿との間に生まれた先祖の子孫であることに満足していたという。

こうした伝説と共に伝えられるチンギス・ハンの生涯だが、モンゴル大帝国を支配するまでの道のりは長く険しいものだった。苦難の時代の始まりは、モンゴル族の一首長だった父が他の部族に毒殺されたときから始まる。そのときテムジンは8歳。父の死後、配下の遊牧民は分散し、母と3人の弟と共に苦労を重ねるのだが、テムジンは逆境を乗り越える強靭さを備え、勇敢《ゆうかん》な戦士へと成長していく。

この頃、つまり12世紀のモンゴルでは、大小さまざまな部族が対立していたが、その中で頭角をあらわしたテムジンは他の部族の協力を得ながら徐々に勢力を拡大。ついに全モンゴルを統一すると、諸部族の部族長会議＝クリルタイで指導者として認められ、「チンギス・ハン」の称号を与えられる。１２０６年のことだった。「ハン」は「皇帝」の意だが、「チンギス」の意味については諸説あり、よくわかっていない。真実に近い解釈とされるのは、モンゴル人が太古から信仰していたシャーマン教の光の聖霊名「ハジル・チンギス・テンゲリ」に由来するというもの。

その後、大遠征を行なったチンギス・ハンは最初の標的だった金（華北）を侵攻して支配下に収め、次にイスラム教国家であるホラズム、さらに西夏を次々と滅ぼして帝国を拡大していく。モンゴル文字や法の作成など政治手腕も発揮したが、西夏遠征の帰途に、没した。死亡したときの年齢は史料によって幅があり、66歳説、72歳説などあるが、高齢の域に達していたことは間違いない。

広大な所有地は4人の子供が分割支配し、１２６０年には孫のフビライ・ハンが皇帝となり、元の国が誕生。元朝による中国支配の基盤を作った。この史実からも、チンギス・ハンの歴史を動かす力が改めてわかるだろう。

彼が眠る墓に話を戻すと、意外なことに霊廟の発見を機に墓の発掘調査を行なう予定は今のところないのだという。埋葬場所の重要な手がかりはつかんだものの、英雄の墓を暴くことに難色を示す国民感情に配慮したらしく、謎の解明は現段階ではお預けの状態となっている。

しかし、謎はまだ封印されたわけではない。

人類の歴史が続く限り、「チンギス・ハンの墓ついに発見！」が現実になる可能性は常に開かれている。

始皇帝（前259年〜前210年）
中国統一を成し遂げた初代皇帝の「出生」の秘密

「奇貨《きか》居《お》くべし」という諺《ことわざ》がある。

意味は後述するが、この言葉と深く関わる中国史上の大人物といえば、初の統一国家「秦《しん》」の初代皇帝「始皇帝《しこうてい》」である。始皇帝は7つの国が争っていた中国の戦国乱世に終止符を打ち、紀元前211年に史上初めて皇帝という称号を名乗った。

皇帝は王の上の王を意味する。絶対権力を手にしたこの王の成功物語は、実はある男の策略によって始まったと言われている。その男の策略がなければ、始皇帝は王とはまったく無縁の人生を歩んでいた可能性があるのだ。

実は、始皇帝には出生にまつわる謎がある。公には父である荘襄王《そうじょうおう》の実子ということになっているが、本当は秦の王室とは血縁関係のない人間ではないかと言われているのである。

謎解きをするためには、父の時代に遡《さかのぼ》る必要があるだろう。

若かりし頃の父・子楚《しそ》（のちの荘襄王）は秦国の王になるなど到底無理な立場にあった。ましてや自分の息子がいずれ王位を継いで皇帝になることなど、ある時期までは夢のような話だったはず。なぜなら、子楚は秦の太子・安国君《あんこくくん》の子でありながら、嫡子でないことを理由に人質として敵国の趙《ちょう》に送られ、不遇をかこつ身だったのである。しかも安国君には20人以上の王子があり、子楚は王子の中でもまったく影が薄い存在だった。

当時の中国は、秦と趙以外に韓《かん》、魏《ぎ》、燕《えん》、斉《せい》、楚《そ》の計7国が群雄割拠していた。人質として趙の国で冷遇されていた子楚は小遣い銭さえ思い通りにならず、鬱々《うつうつ》とした日々を過ごしていたという。「何かいいことはないだろうか……」そんなとき、一人の男の登場によって子楚の周辺は目まぐるしく変化していく。その男とは、豪商の呂《りょ》不韋《ふい》だ。根っからの商人である呂不韋にとって、子楚は絶好の〝商品〟に映ったようだ。出会ってすぐつぶやいた言葉が、前述の、

「此《こ》の奇貨居くべし」

その意味は、「珍しい品物だから今仕入れておき、将来儲ける機会を待とう」転じて「好機会だからのがすな」。子楚の不遇を知った呂不韋は、これを利用して金儲けをし、自らもうまくのし上がろうと画策したのである。すでにこの時点で次代の始皇帝の成功物語は始まっていた。呂不韋はさっそく、

「てまえがひとつあなたの門を大きくしてさしあげましょう」

と、子楚に話をもちかける。門を大きくするとは「男にしてやろう」ここでは「秦の国の世継ぎにしてやろう」という意味に他ならない。不満が蓄積していた子楚はすぐに心動かされ、

「おまえの計画通りにいけば、秦の国を二人で分けよう」

と、はしゃいで提案したほどである。計画はうまくいった。呂不韋は安国君の正妻・華陽《かよう》夫人に取り入るなどして、子楚を秦国の世継ぎに立てることに成功する。

間もなく子楚は、呂不韋に招かれた宴の席で一人の女性と出会い、心奪われる。そ

の女性とは、なんと呂不韋の愛妾・趙姫《ちょうき》。しかし、気が大きくなっていた子楚は呂不韋の愛人であろうがお構いなし。ぜひ自分の女にと所望する。呂不韋は一瞬戸惑ったが、せっかくの好機会をみすみす手放すわけにはいかない。すぐに趙姫を献上することを決める。

子楚の人生に追い風が吹き、好みの女性もすんなり手に入った。次の王位も約束された。これで一件落着か、と思いきや……趙姫に思わぬおまけがついてきた。彼女はすでに身ごもっていたのだ。ということは、趙姫のおなかの子の実父は呂不韋だということになる。

おなかの子は男児で、紀元前259年の正月に誕生。正月にちなんで政《せい》と命名された。子楚と趙姫の子としてすくすくと育ったその政こそが、のちの始皇帝である。

父の子楚は秦王に即位後3年で世を去り、政は父の死後わずか13歳で王位に就く。父の時代から子の時代へ。初めのうちは相国（宰相）となった呂不韋と母が政治の中枢を担うが、政が成長すると次第に力をつけ、やがて中国全土を統一。ついに、中国史上初めての皇帝が誕生する。始皇帝は、郡県制の実施や官僚制の成立、各地でバラつきのあった貨幣や文字、度量衡（つまり、長さ、体積、重さ）の統一など、徹底した中央集権体制を確立。騎馬民族から国を守るために万里の長城を修築し、立派な宮殿も建てた。

一気に頂点に上り詰め、巨万の富を得たが、成功物語の原点にあったのは、呂不韋の「奇貨居くべし」の発想だったのである。

成功物語の種を蒔いた呂不韋のその後だが、始皇帝が若い頃は中枢で活躍したが、やがて始皇帝が成人すると中央から遠ざけられて失脚。最期は服毒自殺を図って絶命する。つまり、これまでの話の流れからすると、始皇帝は実父と噂される呂不韋を自らの手で失脚させ死に追い込んだことになる。結末は、あまりに切ない父子の物語になってしまうが、真相はどうなのか？

秦の始皇帝が呂不韋の子、つまり私生児だという話は、当時からよく知られており、『史記』では「呂不韋列伝」の中に史実として記されている。中国では、2000年以上も前から国民の大多数が知る話題だったのである。しかし、近年ではかなり否定的な見方をする研究者も出てきた。

その根拠の一つとして、紀元前の事件を扱った宮中の書物『戦国策』には、始皇帝の私生児説に関する記述が見当たらないということがある。呂不韋についての記述はあるが、「人質となっていた子楚を〝奇貨〟であるとし、これを秦王の位につけるよう工作して自らは相国（宰相）となった」という事実が記されているのみ。私生児説は『史記』にはあって『戦国策』にはまったくない情報なのである。

また、始皇帝が中国を統一する以前、楚の国で活躍した春申君《しゅんしんくん》という政治家に同様の逸話があり、筋書きがこれとあまりによく似ているのも不可解な点だ。

話の内容は、次の通り。楚の国の考烈王《こうれつおう》には世継ぎがなく、宰相だった春申君は何人もの女性を献じるがうまくいかない。あるとき李園《りえん》という男が趙の国から来て、「自分の妹を楚王にすすめたい」と申し出る。ところがその妹に会った春申君が先に見初め、李園の妹は春申君の子を身ごもる。それを知った李園は妹を楚王にすすめるように春申君に提案する。国の安泰のため、自らの保身のため、春申君は自分の子を身ごもった愛姫を王に献じることにする。李園の妹は無事男の子を出産し、后妃となる。しかし、考烈王が他界すると、春申君は李園が放った刺客によって殺害されてしまう、というものだ。

確かに、始皇帝父子の筋書きと非常によく似ている。

中国の人々がずっと信じ続けた始皇帝私生児説は、やはり作り話だったのだろうか？　真相は藪の中だが、この話題が広まった背景には、始皇帝に滅ぼされた六国の人々の複雑な感情があったとされている。

ところで、絶対権力を極めた始皇帝が、次に求めたものは永遠の命だった。「不老不死の秘薬」を入手するために膨大な費用をかけ、あちこち旅をしたという。方士《ほうし》（仙術士）らによって不老不死の秘薬と称するものが次々と献上されたが、中には水銀を原料とする秘薬も含まれていた。水銀は言わずとしれた毒。しかし、当時から「毒をもって毒を制する」という考え方があったようで、鉱物性の毒が秘薬として使われていたのである。

その水銀で命を縮めたのかどうかは断言できないが、結局不老不死の夢はかなわず、最後は巡行先で病死する。エピソードに富んだ始皇帝の生涯だが、それから2000余年を経ても、出生の謎は解明されていない。

ネロ（37～68）悪名高き皇帝の謎に包まれた実像

ローマ帝国第5代皇帝ネロは「暴君」の代名詞としてもよく知られている。この悪名高き皇帝は、気に入らない人間や自分に異を唱える人間はごみでも捨てるように次々とあの世に葬り去った。実の母、妻、義理の弟、師匠、家来、政敵など、いったいどれだけの人間が犠牲になったことだろう。しかも、その殺害方法は、殴り殺す、蹴り殺す、毒を盛るなど、どれも残虐《ざんぎゃく》非道《ひどう》なものだった。

たとえば、母アグリッピナを殺害する際は、まず毒殺を試みるが、失敗に終わる。次に母の寝室の天井が落ちて圧死させるよう偽装事故を計画するが、これも失敗。今度は完全犯罪を狙って母の乗るボートに細工をして沈ませようとしたが、またも失敗。最後は母の別荘に刺客を送り、棍棒で滅多打ちにして殺してしまった。

今から約2000年前に起こった世にも恐ろしい実母殺害の顚末だが、ネロが暴君と呼ばれる最大の理由は実は他にある。キリスト教徒の大量虐殺である。

西暦64年に起こったローマの大火は、繁栄の頂点を極めていたローマの都を一瞬にしてのみこんでしまった。火災を知ったネロは早速被災者対策の陣頭指揮をとるが、そんな折「ローマに火をつけたのはネロ皇帝だ！」という噂が民衆の間に広がる。新しい街づくりをする目的で、ネロが都合よく火をつけたというのだ。ネロにしてみれば、こんな噂が立つなどまったくの誤算。復興のために膨大な費用を投じ、懸命に努力しているというのに、よりによって自分が放火犯の疑いをかけられるとは……！　慌ててキリスト教徒に罪を着せ、数百人を虐殺したのである。要は責任転嫁したわけだ。

当時、ローマ市民の間ではキリスト教は野蛮で妖しげな新宗教と認識され、キリスト教徒は忌み嫌われる存在だった。そこで、彼らを迫害することで、自分の支持を回復しようとネロは目論んだのである。

虐殺は聞いただけで背筋が寒くなるような方法で行なわれた。ネロと同時代の歴史家タキトゥスの『年代記』によると、ある者は野獣の毛皮を着せられて猛犬にかみ裂かれ、またある者は十字に打ちつけられ、あるいは燃えやすく処理されて日が暮れると夜の松明《たいまつ》がわりに焼かれたという。この処刑をネロは見世物にして楽しんだのである。

ひどすぎる。さすがにキリスト教徒を忌み嫌っていた大半のローマ市民も同情の念を抱き、ネロは支持を回復するどころかますます評判を落としてしまう。市民の怒りに追い討ちをかけたのは、宮殿の建築だった。ネロは、ローマ市再建と共に大火前から進んでいた自分の新宮殿の建築を再開。バブルの都ともいうべき広壮華麗な黄金宮殿の登場は市民感情を逆なでした。

「市民が被災で苦しんでいるときに、あんな豪華な宮殿を建てるとは何事か！」

ネロの悪評が一気に広がりを見せたのである。

ただし、彼は生まれついての暴君だったわけではなさそうだ。幼少時代に遡ってみると、意外や大人しくて従順なネロ少年の姿が浮かび上がってくる。そんな少年がなぜ暴君に変貌してしまったのだろう？

最大の鍵を握っているのは母アグリッピナだろう。この息子にしてこの母。アグリッピナは非常に悪評が高く、冷血な殺人鬼としての一面を持っていた。なんと、一人息子のネロを皇帝にするという野望から邪魔者を次々と殺害している。ネロの父親の死後、時のクラウディウス帝に近づいて王妃の座を奪い取り、ついには夫であるクラウディウス帝を毒殺。強引な手法でネロを皇帝の座にのし上げてしまった。即位したとき、ネロ皇帝は若干16歳。3歳で実父を無くしたネロは、この恐ろしい毒牙を持った母親に翻弄され続け、ついには対立。憎悪を爆発させて殺害へと突き進むのである。

子離れできない母と、母を疎ましく思いながらも頭の上がらない息子。この現代にもありがちな歪《ゆが》んだ母子関係が、ネロを暴君へと駆り立てる原点にあった。なにせアグリッピナという母親、ネロが皇帝位についても政治に細かく口出しし、自分の言いなりにならないとヒステリーを起こす。挙句の果て、息子の気持ちをつなぎ止めるべく肉体までさらけ出している。近親相姦の噂はかなり信憑性を持って伝えられているが、そんな母の前に出ると、ネロは子供のように従順に振舞ったという。

ネロの凶暴性が爆発する時期は、母の殺害前後と重なる。息子の中に流れる母の血がそうさせたのか、死んだ母の影に怯《おび》えて精神を病んでしまったのか、兎も角、母の死がネロの暴走に拍車をかけたことは間違いない。

実は、ネロの治世のスタートは好調だった。就任当初は政治手腕を発揮し、後の賢帝から評価されるほどの善政を行なっている。側近の哲人セネカからの後ろ盾もあったとはいえ、決して悪評だけではなかったのだ。民衆も、知性と教養にあふれ、音楽や詩作など芸術をこよなく愛する若い皇帝の登場に歓喜し、大いに期待もかけていたらしい。それが、母の殺害以降からネロの暴君ぶりはエスカレートし、ついには元老院からも見放されて追放。「国家の敵」とみなされ、ついには自殺へ。

節度を知らない皇帝に皆が愛想をつかしたものの、ネロの墓にはローマ市民による献花や供え物が長年絶えなかったという話もある。芸術好きが講じて歌手デビューまでしたユニークな皇帝は、民衆から愛される側面も持ち併せていたようだ。

それでは、なぜ「暴君」のイメージだけが一人歩きしてしまったのか？　毒殺や暗殺など当たり前の時代に、なぜネロばかりが残虐非道な皇帝の代表者として語り継がれることになったのか？

その背景を探ってみると、ネロのイメージは伝説によって少しずつ歪められていったことがわかる。たとえば、ネロの放火犯説に関する記述一つとっても、時代と共にその表現が微妙に変化している。

ネロの時代に近い歴史家タキトゥス（55～116）は、「偶然だったのか、皇帝の策略によるものか、判然としない」と断定を避けているが、その数十年後には、スエトニウス（70～150）が、「ネロは醜《みにく》い古家や狭く曲がりくねった路地が目ざわりだと言って首都に火をつけさせた」とネロが放火犯だとほぼ断定。その後のカッシウス・ディオ（150～235）による記述を見ると、「ネロは長年の宿願であった計画、すなわち自分が生きている間に全ローマ市と帝国を破壊しようという計画を実行に移したのである」となっている。

実際は単なる失火だった可能性が高く、現代では〝ネロ放火犯説〟の信憑性は乏しいとする見解が多いが、こうした陰謀説は尾ヒレ背ヒレがついて伝えられるのが常。伝言ゲームではないが、ネロの実像は、時代を追うごとに面白く、しかも恐ろしく脚色され虚像が作られていったと考えられる。しかも、ネロに強い憎悪を抱くキリスト教徒の手で原典の改変がなされるうち、徐々に実像が歪められていったというのが真相のようだ。

母アグリッピナを殺害したあと、ネロは悪夢にうなされ、不安による震えが頻発し、幻聴にも悩まされていたという。素顔を知れば知るほど、暴君の裏に隠された孤独で小心者の皇帝の姿が浮かび上がってくる。

一方、ネロは終生バイセクシャルで、去勢した少年と結婚式を行なったという奇妙なエピソードも残されている。古代ローマでは両性愛は粋な嗜好とされ、珍しいことではなかったが、ネロが性的に抑圧され、女性に心を許さなかったことは確かなようである。享年31歳。若き皇帝ネロは、歪んだ母子関係の最古の犠牲者だったのかもしれない。

アドルフ・ヒトラー（1889〜1945）
狂気の独裁者とオカルティストの接点

「狂気の独裁者」、「世紀の虐殺者」などと形容されるアドルフ・ヒトラーの特技は「演説」だった。ヒトラーは、その演説を武器に民衆の心を掴み、軍部をも味方につけて、ナチス・ドイツ第三帝国総統の座へ登りつめたのである。

絶妙のタイミグで拳を振り上げ、声のトーンを変え、最高潮で絶叫する……。彼の演説を聴いた者は、一様に一種異様な熱気の中で酔いしれ、神がかり的な〝魔力〟に圧倒されたという。たった一度の演説で、ヒトラーというカリスマは聴衆の心を虜《とりこ》にしてしまったのだ。側近たちも口々に証言する。

「ヒトラーは異常な知性と行動力を持ち、恐るべき暗示力を持った人物だった」

これは、ナチスの海軍最高司令官カール・デーニッツ提督がヒトラーの死後に証言した内容である。デーニッツ提督は、その暗示力に縛られることを怖れ、なるべく総統本部に出向かないようにしていたほどだった。

参謀本部付将校カール・マイエルは「ヒトラーの演説には、居合せた者すべてが心を奪われた」と言い、国防軍最高司令部部長アルフレート・ヨードル大将は、「ヒトラーはしばしば来るべき未来を予知する〝不思議な能力〟を備えていた」とも証言する。「呪師の範疇《はんちゅう》に属する人間」と表現した心理学者もいた。

ヒトラーが神秘的な学問や現象（つまりオカルト）を好んだことはよく知られている。異能を身に付けたとも言われるが、その特殊な能力と独裁政治との関わりは本当にあったのだろうか？

ヒトラーの周辺では、確かに不思議なことが度々起こっていた。たとえば、こんなエピソードがある。

1939年11月8日、マインツという地方都市のホールでヒトラーは得意の演説を行なった。当初は長時間予定されていたが、なぜかこのときヒトラーはごく簡単な挨拶程度で演壇を降り、早々に引き上げてしまった。得意の熱弁は振るわなかったのだ。すると、その5分後に、爆発が起こった。演壇の後ろに時限爆弾が仕掛けられており、このときは数名の死者と数十名の重傷者が出ている。ヒトラーは間一髪で難を逃れた。

他にもヒトラーの暗殺は数回企てられたが、その度に危機を免れ、しかも怪我一つ負わなかったため、〝不死身の男〟との異称も与えられたほどだ。暗殺を回避した際、ヒトラー自身が、「その場所を離れて向こうへ行け」という〝声〟が聞こえたと語っていたこともある。実際に予知できたのか否かは断言できないが、本能的に危険をキャッチする鋭いアンテナを保持していたことは間違いない。

こうした出来事を念頭に入れて、ヒトラーの生い立ちを探ってみると、不思議な偶然に気づく。生誕したオーストリアのブラウナウという田舎町は古くから霊媒師を大量に輩出することで知られていたのである。こうした土地柄も影響したのだろうか、ヒトラーは若い頃から神秘的な世界に強い関心を示していた。

下級税関吏の子として生まれたヒトラーの少年時代の夢は、画家として身を立てることだった。そこで、実業学校を退学したのちウィーンに出るが、当時は暇さえあれば図書館に通い、歴史、哲学、美術、さらに宗教、催眠術、占星術、錬金術など、あらゆる本を貪り読んだという。

結局、美術学校の受験は2度にわたり失敗。その後、目標を潔く切り替えてドイツに移住し、第一次世界大戦が勃発すると志願兵として入隊。自分には学歴もないし、名門の出でもない、画家になる夢も諦めねばならなかった。こうしたコンプレックスを逆手にとって、新たな人生を歩み始めるのである。

「もっと名声を高め、社会的地位を確立したい……」

その目標を達成すべく、ヒトラーは神秘的な力をも味方につけようとした。

大戦が終結し、ドイツは降伏。その後の1919年、ヒトラーは「ドイツ労働者党」（翌年「国民社会主義ドイツ労働者党（ナチス党）」に改称）という小さな政党に入党。この頃、トゥーレ協会というオカルト秘密結社との交流を持ち、その中心人物だった詩人のディートリッヒ・エッカルトに演説の指導を受けたともいわれる。政治の表舞台に姿を現す一方で、オカルトの世界にも精通し、あらゆる手段を用いて聴衆の心を掴む技を磨いていたわけだ。

成果は確実に上がっていたのだろう。1921年に党首になると、ヒトラー人気は次第に過熱していく。1933年には総選挙でナチス党が大躍進。翌年には国民投票で大統領も兼ねた総統に就任し、一党独裁制を作り上げた。当時、ドイツでは世界恐慌による不景気で国民はどん底の状態。失業者が六百数十万人まで達し、誰もが希望を失いかけていた。そこに登場したのがカリスマ指導者ヒトラー。彼は瞬く間に経済を活性化させ、不況を克服する。

その後暴走するヒトラーの周辺には、常にオカルティストたちの影があった。

側近中の側近である宣伝大臣ヨーゼフ・ゲッベルスのもう一つの顔は占星術師。彼は、ノストラダムスの予言を例に出して、「ナチス・ドイツが世界を支配することは決定されている」などと宣伝していた。彼の助言により、ヒトラーが占星図で吉凶を占うということも珍しくなかったという。

同じく側近のハインリヒ・ヒムラーもルドルフ・ヘスもオカルト好きで知られ、彼らとヒトラーはナチス党にオカルト省を作ろうと真剣に相談していたという説もある。

さらに、ヒトラーのオカルト熱を最も印象づけるのが、「聖なる槍（ロンギヌス聖《せい》槍《そう》）」への執着だろう。

聖なる槍とは、キリストが磔刑《たっけい》された際、脇腹を刺し貫いたとされるローマ軍兵士ロンギヌスの槍のことだ。この槍にはキリストの〝奇蹟の魔力〟が宿るとされ、ヒトラーはこの槍を入手すれば「世界を征服する力が宿る」と固く信じていたとされる。「何としても手に入れたい……」。

1938年、その槍を手に入れる絶好のチャンスが到来。

他国を次々と侵略し始めたヒトラーは、母国オーストリアを併合。すぐに、意外な行動に出る。オーストリア・ハプスブルク家の宮殿に向かったのである。実は、このハプスブルク家の財宝の一つが、彼が求めてやまなかった聖なる槍だったのである。

この槍は、キリストの弟子ヨゼフが持ち帰ったあと、王侯や貴族の手を渡り歩き、巡り巡ってハプスブルク家に渡っていた。

ついに聖なる槍と対面したヒトラーは、感激のあまり脚がガタガタと震えていたという側近の証言もある。

それからのヒトラーは、この槍を常に身近に置いていた。では、世界征服する力は、本当に強化されたのだろうか？

確かに、独裁政治はエスカレートしていった。1939年、ポーランド進撃で第二次世界大戦を開き、ヨーロッパ各国を次々と侵攻。1940年にフランスを占領すると、対ソ宣戦へ。一方で、「ゲルマン人（ドイツ人）優越主義」を唱え、〝劣等民族〟とするユダヤ人を徹底的に排除する計画を実行。強制収容所に送り込み数百万人を大量虐殺した。あの惨劇である。

しかし、狂気の独裁者の魔力にも限界があったようだ。

戦線の拡大からやがて戦局は暗転し、やがてヒトラー最期の日が訪れる。連合軍のベルリン占領が目前に迫った1945年4月30日、ヒトラーはベルリンの地下壕で拳銃自殺を図った。

特製の金庫の中に隠されていた聖なる槍は、アメリカ陸軍によって廃墟の中から見つけ出された。ハプスブルク家から渡ってきたこの槍には、手放した者がその直後に命を落とすという不気味な伝説があった。ヒトラーもその伝説の通り命を落とし、ナチスは崩壊したのである。

実際はこの聖なる槍は実はレプリカで、本物は行方知れずだというが、ヒトラーは最後まで本物と信じていたようだ。

独裁者亡き後、魔術が解けたように恐怖政治の時代は終わった。

しかし、最期に大きな謎が残った。自殺の直後から「生存説」「逃亡説」が噂されるようになったのだ。自殺したのは替え玉で、実のヒトラーは直前に結婚した妻のエヴァ・ブラウンと共に地下壕を脱出し、国外に逃亡したというのである。この情報は、『ニューヨーク・タイムズ』紙でも取り上げられ、「ヒトラーの死には、これという証拠が何も無い」といった内容が記された。

確かにその通り。ヒトラーの遺体は完全に焼却されたため、証拠は遺体の処理に関わった側近の証言のみ。つまり、間接的なものでしかなかった。遺体を回収したのはソ連軍で検死もソ連軍医師のみが行なっていたため、西側にとって納得のいく決定的証拠品はいまだに出ていないのである。

第三章

歴史の闇に消えた怪人の謎と暗号

アーサー王（5世紀後半〜6世紀前半頃?）
知るほどに謎が深まる伝説の王

紀元5〜6世紀頃、アーサー王という伝説の王が誕生したと言われている。武力、政治力にすぐれ、中世の国王のほとんどが崇拝していたというアーサー王だが、この王は「謎」という鎧《よろい》を何重にも身に着けているため、その正体に迫るのは至難の業である。

これまで世界中の多くの学者らがアーサー王の研究を重ね、トマス・マロリーの『アーサー王の死』をはじめ関連の書籍も多数出版されているが、「知れば知るほどわからなくなる」「存在はおぼろげに見えても、近づこうとすると遠ざかってしまう」というのが、アーサー王をよく知る人たちに共通する見解である。

掴みどころのない王様。それもそのはず、これまでに伝えられてきたアーサー王物語は、伝説、神話、そして挿話が複雑に絡み合いながら生まれ、発展したものなのである。口承によって伝達されるうちに、少しずつ話の内容は変化し、やがて複数の作家が物語としてまとめるうちに、壮大な英雄像が形成されていった。書籍によって細部に相違が見られるのは、そのためである。

この王様が実在していたという決定的証拠は今のところ見つかっていない。ある人が「アーサー王は実在していた」と断言すれば、ある人は実在を完全に否定するなど、存在自体の真偽もいまだ不明のまま。ただし、伝説には骨子となる何らかの史実が隠されているもの。アーサー王伝説のモデルとされる人物が実在していたことは確かなようだ。

まずは、伝説としてのアーサー王物語の概略だが、登場したのは5世紀末から6世紀初め頃。魔法使いマーリンの妖術によってイングランドの王ウーゼル・ペンドラゴンとイグレーヌの間に誕生し、その後、ブリテン島（イギリス）に王国を築いて活躍したとされる。この頃、ブリテン島は大陸からやってきた蛮族サクソン人らの侵攻にあい、壊滅の危機に瀕《ひん》していた。そこに颯爽と登場し、イギリス全土を統一したのがアーサー王である。神によって選ばれたアーサーは、聖剣「エクスカリバー」を携え、武勇にすぐれた騎士らを率いて、戦乱の大地に平和をもたらした。

ところが、あるとき平和な時代に突然ピリオドが打たれる。王の側近の騎士は「円卓の騎士団」と呼ばれ、アーサー王と共に円卓を囲むことを許されていたが、ある日の会食の最中に不思議な現象が起こる。突然の雷鳴《らいめい》と稲妻《いなづま》と共に、円卓の広間に光放つ物体が現れたのである。物体は杯の形をしていたが、やがて広間を横切るようにしてスッと消えてしまった。これを見た騎士らは確信する。

「あれは聖杯に違いない!」

聖杯とは、最後の晩餐でイエス・キリストとその弟子たちが使用し、磔刑に処せられたときにイエスから滴《したた》る血を受けたとされる杯または皿のこと。つまり聖なる器であり、数々の奇跡現象を起こす宝器と伝えられていた。その聖杯が突然目の前に現れ、そして姿を消してしまったのだからただ事ではない。円卓の騎士たちは、聖杯に誘われるように次々と旅立っていった。

聖杯をめぐる冒険物語はこうして始まり、最終的には円卓の騎士団は裏切りと謀反により崩壊。アーサー王は致命的な傷を負ってアヴァロンの島へと連れ去られる。この島で王は傷を癒され、いつの日かブリテン島へと戻ってくる……。

このストーリーはあくまで伝説に基づいているが、モデルとされる人物がいたとすれば、いったい誰なのか?

有力な候補者は、実在の人物の中にいた。

ブリテン島で異民族の侵攻が繰り返されていた頃、侵略者らに戦いを挑んだ戦闘指揮官がそのモデル候補である。彼はブリテン島に侵入してくるサクソン人らを撃退したのち、平和な時代を築いたとされ、名をラテン語でアルトリウス(Artorius)といった。英語だとアーサー（Arthur）になる。5世紀に活躍したアルトリウスは、在ブリテンのローマ人総督でありブリテン人ではなかったが、ブリテン人にとっての英雄であったことは間違いない。

ただし、モデル候補は他にも複数いる。結局、確かなのは「アーサー王のモデルは、5世紀末頃にサクソン軍の前進を阻止した指揮官だったらしい」ということ、そして「その人物がブリテン人の心に希望を与えた」ということだけである。この史実を元に創られたアーサー王伝説が一人歩きを始め、ヨーロッパ全土に、そして、アジア各国にまで広がりを見せたことになる。

とりわけイギリスには、アーサー王の遺跡やゆかりの地がいくつもある。たとえば、アーサーが母の胎内に宿ったとされるティンタジェル、王国の首都カメロットの候補地とされるカドベリー・カースル、最後の戦いで傷ついたアーサーが妖精たちに運ばれたとされるアヴァロンの候補地グラストンベリ……、このグラストンベリには、なんとアーサー王の墓も存在していた。

「グラストンベリ修道院で男女2体の遺骨が発見！」

その大発見のニュースが流れたのは、1191年のことだった。遺骨はアーサー王とグウィネヴィア王妃のものとされ、アーサー王の骨は巨大で頭蓋骨には致命傷となったらしい傷痕があった。王妃の方は美しい金髪の房が残っていたが、触れた途端に粉々になってしまったという。木の柩の上から発見された鉛の十字架にはラテン語で「ここアヴァロンの島に高名なアーサー王埋葬さる」と書かれていた。

遺骨が発見されたグラストンベリ修道院については、こんな説もある。当事この修道院は1184年に見舞われた火災で困窮しており、再建資金調達を目論んでアーサー王の墓の発見を宣伝に利用したのではないかというのだ。

そして、遺骨が本当にアーサー王のものであったという確証はない。違うとすれば、いったい誰の遺骨なのか……？

16世紀の宗教改革の時代、ヘンリー8世によってこの修道院は破壊され、アーサー王と王妃のものらしき遺骨もこの時点で失われてしまったため、今となっては調べようがない。その後の1907年、英国国教会は廃墟と化した修道院を買収し、発掘調査を開始しているが、1922年に突如調査を中止。調査によってアーサー王や聖杯に関する膨大な資料が収集されたとも言われるが、国教会はなぜかこれらのすべてを封印してしまった。理由はわからない。

今、この地にはアーサー王の墓所であることを示す立て札がある。

「ここに、かつての王にして未来の王なるアーサーは眠る」

ところが……、墓の候補地は他にもあった。1990年には、フランスの新聞『フィガロ』がアーサー王の新しい墓の発見について伝えている。場所は、イングランドとスコットランドの西の境界近くの古い教会跡。その村の名は「アーサレット」といった。アーサー王との関連性を示唆するような名である。

アーサー王伝説は、このように絶え間なく進化し、新説が生まれている。一方で「アーサー王は死んではいない」という伝説も残されており、知れば知るほど、膨大な文献を読めば読むほど、正体が遠のいていく。そして遠のくほどにまた追いかけたくなる不思議な王様である。

コロンブス（1451頃〜1506）
なぜ経歴を隠し通そうとしたのか

アメリカ大陸を発見したことで知られるコロンブスは、なぜか自分の出生をあまり語らなかった。息子のフェルナンドにも出生を隠したというし、自分の経歴を偽る癖もあったため、真の姿がなかなか見えない謎めいた人物なのである。

まず、一つ目の謎は出生。

「1451年、クリストファー・コロンブス、イタリア・ジェノヴァのコロンボ家に誕生」

これがコロンブス出生の定説である。ただし、「この年に生まれた可能性が最も高い」という推測にすぎず、「1451年頃」と言ったほうが正しい。「1447年誕生説」もあるが、出生証明書や洗礼証明書が残っていないため、いまだ定かになっていない。

港町ジェノヴァで誕生したことは確実視されているが、祖先はユダヤ系スペイン人の移民との説が根強い。そのため、コロンブスが出生を語らなかったのは、「ユダヤ人の迫害を恐れたためだろう」と分析する学者もいる。

実は、コロンブスが自分の出身について語った文書で残されているのはただの一点のみ。1502年に書いた手紙の中に「私の祖先の地はジェノヴァであり、私はそこで生まれた」という一節があるだけなのだ。こうしたあまりに数少ない証拠品をもとに、これまで多くの学者がコロンブス研究を重ねてきたのである。

コロンブスの父ドメニコ・コロンボは毛織物業を営んでいた。一家の身分は低く、生活は決して楽ではなかったという。そこで、コロンブスも学校へ行く時間も惜しんで家業を助けた。息子フェルナンドの書いた伝記には「彼（父）は14歳のときに船乗りになり、以後ずっとそれを続けた」とある。

若い頃のコロンブスは、父の家業を助けるために沿岸貿易航海をしながら、野望を

出自を語ろうとしなかったコロンブス

膨らませていたようだ。

15世紀、世は大航海時代。西欧は新たな富を得るべく外の世界に足を踏み出し、インドとの貿易航路を開くためにポルトガルとスペインが競い合っていた。当時、ポルトガルは東回り航路でインドに行くことを考え、次々と船を出していたが、コロンブスはまるで逆の発想をする。

「大西洋を西へ西へと進めば、東回りの約半分でインドに到達するだろう」

そして、アジアの富の独占という夢を描いたのだ。結果的に、この異端的発想が功を奏し、コロンブスの名は歴史に刻まれることになる。

しかし、当時のコロンブスは素性の知れない一介の船乗りである。スポンサー探しには苦労し、ようやくスペイン女王イサベルの援助を受けて出港にこぎつける。サンタ・マリア号など3隻の艦隊を率いてスペインのパロスから出港したのは1492年8月のことだった。そして、70日後にバハマ諸島のサン・サルバドル島にたどり着く。

「アジアだ！」コロンブスがそう思った瞬間こそが、実は「アメリカ大陸発見」の歴史的瞬間だったのである。

そこで二つ目の謎。

コロンブスは、その後生涯を通じて自分が到達した土地は東アジアの一部だと思い込んでいたが、なぜこうした勘違いが起こってしまったのだろう？

それは、コロンブスが地球の大きさを実際より2割ほど小さいものだと大雑把な計算をしていたからだ。当時、地球が丸いという地球球体説はヨーロッパの知識人の間では常識となっていた。ただし、ヨーロッパ、アフリカ、アジアの3大陸からなると考えられていたため、世紀の勘違いは起こった。アメリカ大陸の存在が抜け落ちていたため、西回りに航海してもインドに着くと彼は確信したのである。

では、新大陸発見という青写真は、もともとコロンブスの頭の中になかったのだろうか？

これは多分なかったのだろう。記録を辿ると、コロンブスの視線の先にあったのは新大陸より「ジパング」だったことがわかる。ジパング、つまり我が国日本。コロンブスはマルコ・ポーロが『東方見聞録』で伝えた「黄金の国ジパング」に強く興味を引かれていた。「ジパングという島は黄金の国。宮殿の床も、屋根もすべて純金で作られている……」などと夢のようなことが書かれていたからだ。

しかし、結局夢の黄金にはたどり着けなかった。それどころか、コロンブスは最初の航海以降次々とトラブルに見舞われる。第二次から第四次までの航海では、ジャマイカ、南アメリカ北部、中央アメリカに到達するが、植民地でのコロンブスの統治能力に批判の声が高まり、ついにはスポンサーに見放されて逮捕・強制送還へ。日頃からコロンブスのやり方に反感を抱く人間が仕掛けたようだが、コロンブスはもともとトラブルメーカーになりやすい性格だったとも伝えられる。

性格や容姿についても、コロンブスは謎が多い。

「やや傲慢な性格で、自分のことについてはいつも事実を歪曲する。そのうえ、無作法で生意気である」

と表現した当時の歴史家もいるから、少なくとも好感度はあまり高くなかったのだろう。自尊心は異常に高く、発見の報酬として称号や地位にも執着した、人と歩調を合わせるのが苦手だったという話もあり、こうした性格が災いを引き寄せていたのかもしれない。

少々損な性格のようだが、外見についてはそれなりの評価を得ている。

コロンブスと交流がありスペイン領アメリカ司祭となったバルトロメ・デ・ラス・カスは、その顔について「威厳があった」と述べている。

一方、息子のフェルナンドは、次のように記録している。

「均整のとれた体つきで、背は並より高く、面長で、太ってても痩せてもいなかった。わし鼻で目の色は明るく、肌の色つやも明るく、血色がよかった……」

しかし、コロンブスの肖像画を見ると、再びその姿はベールに包まれる。鼻筋の通った知的なコロンブス、ギョロッとした目が印象的なコロンブス、修道僧のような落ち着いた眼差しのコロンブス……。いろいろなコロンブスがいるではないか。

実は、生前に描かれた肖像画は一つもないのだという。想像の世界のみで描かれたために、別人ほど違うコロンブスの顔がいくつも生まれたのだろう。

こうして、謎はますます深まっていくのだが……。

最期は不遇のうちに1506年5月20日に54歳の生涯を閉じた。死亡日時に偽りはない。

皮肉なことに、その少し前、イタリアの天文地理学者アメリゴ・ヴィスプッチにより、コロンブスが到達したのはインドではなく新大陸であることが示された。西回りで大西洋を横断した男は、死後「アメリカ大陸発見者」という栄光を手にしたのである。

近年の研究では、コロンブスより500年ほど早い時期に、発見者がいたことが明らかになっている。北欧のヴァイキングたちが大西洋を渡ってアメリカ大陸に到達し、入植を始めていたというのである。実際は「新大陸一番乗り」ではなさそうだが、それでも、コロンブスが発見者という名誉を剥奪《はくだつ》されることはないだろう。

サン・ジェルマン伯爵（1710?〜1784?）

謎の錬金術師の本当の正体

18世紀中頃、ルイ15世統治の時代の話である。フランス宮廷に不思議な紳士が現れ、パリ社交界の話題をさらった。

男の名はサン・ジェルマン伯爵。

当時活躍していたイタリアの文人カザノヴァは『カザノヴァ回想録』の中で、その謎の男について次のような内容を記している。

「彼は、私の度肝を抜くようなことを口にした。ダイヤを溶かしてそれから最も美しい透明度を持つダイヤを1ダースくらい作ってみせるとか、特殊な秘薬のおかげで何も食べる必要がないなどというのである。本当は自分は300歳なのだともいう……」

サン・ジェルマン伯爵が注目されたのは、その「度肝を抜くようなこと」を本当に人々の前で実践してみせたからだった。

彼の実験室に招かれたとき、カザノヴァは銅貨を一つ盤の上に置くように言われた。指示通りにしたところ突然炎が上がり、銅貨は金貨に変わっていたという。

この特異な技を持つ人物をえらく気に入ったのは、他ならぬルイ15世。「彼は高貴な生まれにして、非の打ちどころのない人物」とサン・ジェルマン伯爵を褒《ほ》め称《たた》え、シャンボール城内に伯爵専用の錬金術実験室を提供したほどだった。その実験室で、カザノヴァは前述の不思議体験をしたというわけだ。

それほどルイ15世がサン・ジェルマン伯爵に入れ込んだ理由も、やはり度肝を抜くような技を目にしたことにあったようだ。

あるとき、ルイ15世が傷のあるダイヤモンドをサン・ジェルマン伯爵に手渡したところ、しばらくして戻ってきたダイヤモンド内部の傷はきれいに取り除かれていた。やはり只者ではない。ダイヤモンドの輝きは国王の心を強く捉えたのである。ルイ15世の寵姫だったポンパドゥール夫人も、「彼は粗石から宝石を作り出すという人知を超えた力を持っていた」と証言しているから、フランス宮廷では、この男の離れ業は、かなり注目を集めたのだろう。

伯爵はさまざまな顔を持っていたが、一つの顔が「錬金術師」である。錬金術、つまり鉛などの卑金属を化学的な手法を用いて貴金属に変える試みで、中世ヨーロッパでは錬金術の実験が盛んに行なわれていた。もともとは古代ギリシアの学問を応用したものだが、その発達の過程で現在に通じる化学薬品の発見が多くなされ、化学の成立に貢献したといわれる。その錬金術に関わる研究者は錬金術師と呼ばれ、あの万有引力の発見で知られるニュートンも錬金術の研究に携わっていたという。

当時、錬金術の鍵を握るのは「賢者の石」と呼ばれる特殊な物質とされていたが、サン・ジェルマン伯爵は、その賢者の石を保持しているのだと人々は噂していた。これについて確たる証拠はないが、数々の証言から、彼がそれなりの技を備えていたことは否定できない。

サン・ジェルマン伯爵には、他にも数々の特技があり、実に博識で外国語も堪能。フランス語、英語をはじめ、ドイツ語、スペイン語、イタリア語、ギリシア語、ラテン語、ロシア語、中国語などほとんどの言語を自由に操り、医学や科学などの学問にも精通していた。楽器を弾かせても、絵を描かせてもプロ級の腕前で、披露するたびに人々を驚かせた。

小柄ではあるが容姿も整い、常に質の良い物を身に付け、物腰も穏やか。誰が見ても教養豊かな感じのいい紳士、しかも大富豪に見えたというから、ルイ15世の言葉通り非の打ち所が無かったのだろう。音楽家ジャン・フィリップ・ラモーの日記には、サン・ジェルマン伯爵に会ったときの印象が次のように記されている。

「彼は不思議な人物だ。50歳くらいに見えるがもっと若いかもしれないし歳取っているのかもしれない……おそろしく話題が豊富でついつい話に引き込まれる……」

話術にもすぐれていたが、その話題の一つが時空を超えた自分の経歴である。たとえば、こんな話をして回っていた。「自分が最初に地球に現れたのは5万年前。当時、今のサハラ砂漠は楽園だった」、「200年以上前、スペイン国王フェルナンド5世の大臣をしていた」、「古代マケドニアの英雄アレクサンドロス大王がバビロンの都に行ったとき、自分もその場にいた」、「私は不老不死の身。特別な薬のおかげで何も食べる必要がない」、などなど……。

話が壮大すぎて普通は笑い飛ばすところだが、直接話を聞くと、話術の巧みさからつい話に引き込まれてしまったという。なぜなら、彼は、5万年前のことも、200年前のことも、昨日見てきたことのように詳細に、そして流暢《りゅうちょう》に語ってみせたからだ。相手が信用しないときは、当時の秘密文書などをわざわざ証拠品として示すこともあったというから徹底している。

その多彩ぶりは各方面で重宝され、フランスの外交特使として各国に派遣されたり、各国の王にスパイを頼まれたりと、引く手あまただったとも伝えられている。

不思議なのは、これだけの逸話があるのに彼の出身や本当の生年月日がまるでわからないことだ。素性を隠し続けなければならない理由があったのか？　どこかから来た密使だったのか？

これまでの記録からわかっているのは、まず最初に目撃されたのが1710年、次に目撃されたのが40年後の1750年、例のルイ15世の時代だということ。40年も経過すれば、人はその分歳をとる。ところが、1710年に会ったときも、1750年に会ったときも、彼の見た目年齢は50歳前後だったとの証言もある。

死亡時期については、ドイツのエッケルフェンデ教会の記録があり、サン・ジェルマン伯爵は「1784年2月27日死亡、3月2日葬式」、その他のことは「不明」となっている。やはり生命には限界があったか……と思えば、死亡後もサン・ジェルマン伯爵の目撃情報は相次いでいた。

死亡したとされる翌年の1785年にフリーメーソン会議の席で姿を見かけた、1789年にフランス革命の最中に見たなどの証言があるし、次世紀の1822年にも目撃されている。ナポレオンやチャーチルに助言を与えたという話もあるし、最も新しいところでは1930年目撃説まである。

〃時間旅行者〃の異名通り、彼は本当にタイム・トラベラーなのか、真相はわからぬまま。しかし、謎めいた一人の男が18世紀のフランス宮廷で豊かな話題を振りまいたことは史実が証言している。

シェイクスピア（1564～1616）
実在か？ 架空か？ いまだ解けないその素顔

シェイクスピアほど謎めいた文豪はいない。

あの膨大な作品群を一人で書いたのか？

なにより、シェイクスピアという人物は本当にいたのか？

通説ではストラットフォード・アポン・エイヴォン出身のウィリアム・シェイクスピアという人物がシェイクスピアその人だとされ、その伝記も彼の足跡を元に綴られている。

食肉解体業者の家に生まれ、これといった学歴はなし。1582年に8歳年上のアン・ハサウェイと結婚。3人の子供に恵まれるが、1585年、21歳のときストラットフォードから突然姿を消したとされている。

その後、7年間の空白期間を経て、1592年に『ヘンリー6世』がヒットし、ロンドン演劇界の注目を集める。そして『真夏の夜の夢』『ロミオとジュリエット』『ハムレット』などの傑作を連発して流行作家となる。40代半ばにして演劇界を引退し、故郷で悠々自適の生活を送っていたが、1616年に死亡。ロンドンから来た二人の友人と飲み明かした疲れからか、熱病を発症したのが原因だとされている。

ただし、ストラットフォードのウィリアム・シェイクスピアという人物が作家のシェイクスピアだったという確かな証拠はまるでない。文筆活動に関する直筆の日記、手紙、メモといった証拠品が何も残されていないのだ。1747年に発見された遺書もあまりに事務的な内容で、版権や文筆関連の記載は皆無。不動産や訴訟関連の書類に6つのサインが残されているが、かすれて読みづらい上、スペルや書体がバラバラ。

また、あれだけの作品を書いたのだから、シェイクスピアは膨大な蔵書を持っていたと考えるのが普通だが、どの古本屋を探してみても、シェイクスピアの蔵書は一冊も発見されていない。

そこで、さまざまな憶測が乱れ飛ぶことになる。

シェイクスピアの作品は語彙《ごい》が豊富で、専門知識の宝庫である。通常の作家の2倍以上の語彙が満載されており、作者であるシェイクスピアは、かなり高度な教育を受け、幅広い知識を身につけていると考えられる。ストラットフォードのウィリアム・シェイクスピアが育った環境とは、あまりにギャップがあるようにも思えるのだ。

こうした背景から、必然的に論争はエスカレートする。

一般的にウィリアム・シェイクスピアが本人だと主張する学者を「ストラットフォ

その存在を疑う声もあるシェイクスピア

ード派」、または「正統派」と呼び、異を唱える研究者は「反ストラットフォード派」ないしは「異端派」と呼ばれているが、ここでは異端派のいくつかの見解を紹介しよう。

良く知られているのが「フランシス・ベーコン説」だ。

フランシス・ベーコンはエリザベス女王やジェイムズ1世などに仕えた政治家で、他に哲学者や法律家、自然科学者などいくつもの顔を持っている。貴族の出で、ケンブリッジ大学卒、グレイズイン法学院に学びと、輝かしい経歴を誇る人物。彼こそが真のシェイクスピアで、政治的な理由からあえてペンネームを使ったというものだ。

確かにベーコンほどの専門知識があれば、法律用語や法律問題が多く登場するシェイクスピア作品を無理なく執筆することができるだろう。また、ベーコンは1561年生まれで1626年に死亡している。つまり、シェイクスピアとベーコンは同時代の同国人と、共通項も多い。

ベーコン説を唱える学者によると、ベーコンは大の暗号好きで、作品の中に暗号を組み込んでいるのだという。エリザベス・ウェルズ・ギャラップという学者は、「私はエリザベス女王の子供で、王位継承者である」

そんな驚くべきメッセージが、シェイクスピア作品には隠されていると主張する。

真偽の程は定かでないが、エリザベス女王の隠し子というのが本当ならば、大事件である。

ベーコン説に対抗するのが「オックスフォード伯エドワード説」だ。

オックスフォード伯はシェイクスピアより14歳年上。ベーコン同様に経歴は華々しく、オックスフォードとケンブリッジ大学で学び、グレイズインで法学を極めた人物である。幼くして父親が亡くなったため、莫大な遺産を相続。晩年は隠居生活を送り、ロンドン郊外の館で死亡する54歳に至るまで執筆活動に励んだとされる人物である。

彼が20代の頃に好んで旅行したというイタリア、フランス、イギリスはシェイクスピア作品の舞台として度々登場するし、とくに彼の晩年の10年がシェイクスピア作品が相次いで発表された時期と重なるところが興味深い。

また、シェイクスピア作品の登場人物と、オックスフォードの取り巻きの人物像が重なるというのも大きな根拠の一つ。とくに『ハムレット』という作品に多くのヒントが残されている。

ハムレットはデンマークの皇太子で、オックスフォード伯は英国貴族。二人とも父親を亡くし、母親が再婚。再婚相手に良い感情を持っていない。

ハムレットは相談役のポローニアスを刺殺するが、オックスフォード伯もバーリー卿の料理人を刺殺している。その上、ポローニアスとバーリー卿がこれまたそっくり。ポローニアスは息子に「金は借りてもいいが、貸してはいけない」と厳命しているし、バーリー卿は息子に対し「他人には命と財産を預けるな」と助言している。偶然にしては一致点が多すぎるのである。

さらに興味深い話がある。

ジョン・ミシェルという研究者によると、オックスフォード伯にはブルベック卿という称号があり、その紋章は折れた槍を振り回す獅子の絵だというのだ。「槍を振り回す」を英語で表現すると「Shake Speare」となる。これは、シェイクスピアのサインと同じなのだ。

その他、共同執筆説もなかなかに説得力がある。何人かが共同で書き、足りない知識を補い合ったとすれば、あの驚くべき情報量の謎も解けるというものだ。

シェイクスピアの死から約400年。まだまだ新説が出てきそうだが、これら異端派による別人説については、英文学者の多くが否を唱え、まともに取り上げていないことも確かなのである。

複数の説をよく知るほど謎は深まるが、当のシェイクスピアは自分の素顔を知られるのを望んでいないらしい。ストラットフォードのホーリー・トリニティー教会にある彼の墓には次のようなメッセージが刻まれているのだ。

「良き友よ、主イエスの名にかけて慎まれよ。ここに納められた遺体を掘り起こすことを。この石に手を付けない人には幸いが、私の骨を動かす人には呪いがあるように」

彼の遺志に従えば、今流行りのＤＮＡ鑑定などもってのほかということになる。

これはやはり、解明されないままのほうがいい「謎」なのかもしれない。

チェーザレ・ボルジア（１４７５～１５０７）
ボルジア家秘伝の毒薬をめぐる噂

ルネサンス末期のイタリアは、ヴェネツィア共和国、ナポリ公国といった小国に分裂していたが、これらを統一すべく権謀術策を駆使して暗躍したのがチェーザレ・ボルジアである。戦争、政略結婚、暗殺など、考えうるあらゆるカードを切って、イタリアに君臨。偉大なる作家マキュアベリが理想の君主と認め、『君主論』のモデルとした人物としても知られている。

ボルジア家というのはもともとスペインの名家で、14世紀にイタリアに移住。チェーザレの父親、ロデリーゴ・ボルジアは、法王位を大がかりな買収で手に入れ、１４９２年にはアレッサンドロ６世としてローマ教会の頂点に立った。そして、愛人の一人、ヴァノッツァ・カタネイとの間に生まれたのがチェーザレ、ホアン、ルクレツィア、ホフレという4人の兄妹だ。

長男のチェーザレは攻撃的で激しやすい野心家。次男のホアンは享楽的な遊び好き。長女ルクレツィアは母親の美貌を受け継ぎ、すこぶる美形。そして三男のホフレだけが平凡で器量も人並み。とくにチェーザレとホアンのライバル心は激しく、ともに張り合いながらルクレツィアと近親相姦を繰り返したという噂もある。とはいえ、当時は群雄割拠《ぐんゆうかっきょ》の時代。色恋ばかりにうつつを抜かしているわけにはいかない。

1494年、フランス王シャルル8世がナポリ王位継承権を主張してイタリアに侵入してきた。その圧倒的な軍事力に抵抗できず、法王アレッサンドロ6世は長男のチェーザレを人質に差し出そうとした。これを屈辱と感じたチェーザレが逃亡してしまったため、法王はイタリア諸国同盟を作って、なんとかシャルル8世軍を撃退した。

その後、軍事力強化の必要性を痛感した法王は、当時ガンディア公としてスペイン領を治めていた次男のホアンに教会軍総司令官を命じて防備を固めた。

一方、人質になるのを嫌って一時逃亡していたチェーザレは、父の跡継ぎとなるべく、ローマ法王庁の枢機卿《すうきけい》に任命されていた。

教会軍総司令官と枢機卿。どちらも、人もうらやむ要職だが、野心家のチェーザレとしては枢機卿という自分の立場が気に入らない。「枢機卿の権威は、しょせん教会の中でしか通用しないものではないか……」そして、弟の持つ軍事指導権がどうしても欲しくなったわけだ。

1497年6月14日の夜、サンピエトロ寺院にほど近い広大な屋敷でパーティが開かれた。宴が終わり、ホアンが仮面を付けた男といっしょに屋敷を出た。そして、2日後、彼は両手を縛られたままポポロ広場近くのテヴェレ河に死体となって浮いた。全身9カ所に刺し傷があったという。

教会警察が捜査したものの、仮面の男の正体は分からないまま。数日後に突然捜査は打ち切られ、事件はうやむやにされてしまった。ところが事件から8カ月後、暗殺者として兄チェーザレの名前が浮上した。ヴェネツィア在住のフェラーラ公国の情報官が、「ガンディア公の死は、兄の枢機卿の仕業だと思われる」という手紙を国元に送ったのだ。

チェーザレが手を下したという決定的な証拠は、事件から500年あまりが過ぎた今でも見つかっていない。しかし、父親のアレッサンドロ6世はチェーザレの仕業だということを知っていたらしく、法王庁の記録も14日からの数日分が欠けているという。

ところで、兄弟で奪い合ったという美貌の妹ルクレッツィアはどうしていたのか？彼女は父親が命じるままに12歳で結婚し、16歳で離婚。以降、修道院に入っていたため兄ホアンの死は修道院で知ることになる。そして兄の死後、ペドロというスペインの若者と知り合い、彼の子供を身ごもった。それを知ったチェーザレは烈火の如く怒った。そして数日後、今度は手足を縛られたペドロの死体がテヴェレ河に浮いたのである。

チェーザレからみると、弟の死体と妹をはらませた男の死体が、同じテヴェレ河に浮いたことになる。周囲の視線は当然チェーザレに向いたはずだが、当時の枢機卿といえば絶対的な権力者にほかならない。結局、この事件も闇に葬り去られた。

ホアンの死から1年後、チェーザレは緋色の僧衣を脱ぎ捨て、俗界に戻ってヴァレンツィーノア公爵を名乗り、ほどなく念願の教会軍総司令官の地位も手に入れた。野心家の面目躍如《めんもくやくじょ》である。次なる野望は、父もなしえなかったイタリアの統一だ。

チェーザレはまず、妹のルクレッツィアをナポリのアラゴン王国、ビシェリエ公の元に嫁がせた。ナポリと手を組み、ルイ12世のフランスに対抗しようという政略結婚だ。しかし、フランスは豊かなナポリをあきらめようとはしない。手を焼いたチェーザレはフランスと手を組むという方向に戦略を変え、ルイ12世の従姉妹であるシャルロッ

ト と結婚。こうなると、妹が嫁いだビシェリエ公の存在が邪魔になる。邪魔者は排除しなければならない。

1500年7月15日。ビシェリエ公はサンピエトロ広場で武装した一団に襲撃され、頭に重傷を負った。血まみれで運ばれてきた夫を、ルクレツィアは献身的に看病する。襲撃の黒幕が誰であるかが分かっていただけに、夫の病人食まで自分で作り、周囲に細心の注意を払ったという。

とくにルクレツィアが恐れたのは、ボルジア家に代々伝わるという秘伝の毒薬である。毒薬の名は「カンタレッタ」。

詳細は分からないが、砂糖を思わせる白い粉。さじ加減一つでゆっくり効いたり、即効性を持たせることもできたりと、相手の死期まで操れるという毒薬である。ある侍医の説明によると、豚を殺して逆さにつるし、その内臓に亜砒酸を注入。それを腐らせ、乾燥させたものを精製するのだという。

この毒薬をビシェリエ公に盛られたのではひとたまりもない。ルクレツィアは、病人の枕もとの水差しまで厳重に管理した。

そんなルクレツィアの献身をあざ笑うかのように、法王アレッサンドロ6世、つまり自分の父親に呼び出されて生じたわずかな隙に、ビシェリエ公は毒殺されてしまった。

その他にも、チェーザレの周囲にはさまざまな変死事件が相次いでいる。法王庁のペドロ・ダランダは聖職売買の罪状で地下牢に幽閉されている間に、毒殺された。さらにオルシーニ、フェレーリオ、ミキエルという3人の枢機卿も毒を盛られて変死。国王の甥、ジョバンニ・ボルジアも毒を盛られて変死している。

周囲はいずれもチェーザレの犯罪だと信じて疑わなかったが、この犯罪が公になることはなかった。チェーザレの背後には、いつも父親のアレッサンドロ6世がいたのだ。つまり、父と子の二人で夢見たイタリア統一を実現すべく、邪魔者抹殺のためにボルジア家秘伝の毒薬をフルに活用したというわけだ。

しかし、この父子にも最期のときが訪れる。

1503年8月。コルネート枢機卿の別荘で、アレッサンドロ法王とチェーザレがほぼ同時に倒れた。枢機卿を毒殺しようとして毒薬を入れたワインを父子が飲んでしまったのである。法王は発熱し、2週間後に苦しみぬいて死んだ。遺体はどす黒く膨れ上がり、口からは泡を吹いていたという。比較的少量しか飲まなかったチェーザレの方は、一命は取り留めたものの、髪の毛は抜け落ち、容貌も醜く変わってしまった。生きたラバの腹を裂いて、温かな内臓と血に全身をひたすという解毒法を試みたという説もある。

チェーザレだけはなんとか死の淵から生還したものの、ボルジア家は没落。チェーザレは新法王に捕らえられて投獄された。

どこの国でも、権力者の犯罪は闇から闇に葬られるのが常。そして、因果応報《いんがおうほう》という言葉も世界共通のようだ。

ピタゴラス（前582頃～前497頃）
「謎の教団」の存在は何を物語るのか

紀元前5世紀頃、奇妙な掟を厳守しながら生活する謎の集団が存在していた。

「ゆでたものを焼いてはいけない、パンをちぎってはいけない、心臓を食べてはいけない、ソラ豆を食べてはいけない、指輪に神の像を付けてはいけない、白の雄鶏を犠牲にしてはいけない、神に血まみれの獣を捧げてはいけない、午睡をしてはいけない、右足から歩き始めよ、暗闇の中で話してはいけない……」

これらの掟を作り、秘密結社のような教団を創設したのが、ギリシアを代表する哲学者・数学者であるピタゴラス。「直角三角形の斜辺の2乗は、他の2辺の2乗の和に等しい」という「ピタゴラスの定理（三平方の定理）」を発見したことでもよく知られる人物だ。

時代的に記録が少ないこともあり、彼の周辺は謎だらけ。

数少ない史料によると、ピタゴラスは、紀元前にエーゲ海のサモス島で誕生。エジプト留学などを経て見聞を深めたのち、40歳頃に南イタリアにあるギリシア植民地クロントに移住したとされる。ここで長い留学経験を生かすために学校を設立し、300人ほどの生徒に数学、哲学、自然科学などを教えていたという。実際は、学校というよりピタゴラスの思想が色濃く打ち出された教団のような集団で、「魂を牢獄のような肉体から解放する」という目的で菜食主義と禁欲的な生活を実践。のちに「ピタゴラス教団」「ピタゴラス学派」などと呼ばれるようになる。

ピタゴラス教団の思想は大きく二つに分類される。一つ目は「万物は数である」とする考え方で、数によって宇宙や森羅万象を解釈しようとした。もう一つが輪廻転生。彼らは魂の生まれ変わりを信じていた。

いきなり「万物は数である」と言われてもピンとこないが、ピタゴラスは私たちを取り巻く自然環境が一定の法則によって支配され、その法則が数式で表せることに気づいたのだ。弟子たちと共に数学と幾何学の勉強に励み、やがてピタゴラスの定理の発見に至る。

ただし、これはあくまでも通説。ピタゴラスは書物を一冊も残していないうえ、教団の財産はすべて共有だったため、その大発見がピタゴラス個人のお手柄なのか、教団メンバーのものなのかは、実は定かではない。

ピタゴラスはこの定理に絶対的な自信を持っていたが、彼の数学への情熱は、思わぬ悲劇も招いている。

それは、弟子の一人がピタゴラスに異を唱えたことに始まる。弟子の名はヒッパソス。彼は、ピタゴラスが数だと考えていた「整数」と「分数」だけではあらわせない「無理数」の存在を発見してしまったのだ。数学の調和を乱すような発見は断じて許されない……。プライドを傷つけられたピタゴラスは、他の弟子と共にヒッパソスを断崖から突き落として殺し、無理数の存在を隠蔽してしまったという。

世にも恐ろしいピタゴラスによる殺人事件だが、凶悪かつ厳格なこの人物は、超能力者的な一面も併せ持っていたと伝えられている。

自分の輪廻を記憶していた。動物と話ができるので、獰猛《どうもう》なクマをおとなしくさせることができた。遠く離れた二つの街を瞬間移動できた。川に話しかけると、川が「ごきげんよう」と返事をした……。

荒唐無稽なものも多いが、こんな逸話が次々生まれるほど、ピタゴラスは魅力溢れるカリスマ的人物だったようだ。演説の上手さも評判で、あるとき600人の聴衆がその場で一斉に教団に走ったという話も伝えられている。

3世紀に活躍した哲学史家・ディオゲネスの著書『ギリシア哲学者列伝』によると、教団に入会するには厳しい資格試験があり、審査をパスした人間は、全財産を教団に寄付し、合格後5年間は沈黙を守らなければならなかった。見習期間は師の話を聞くだけで、一切の発言は許されない。しかも、ここで学んだことは一切口外厳禁。そのうえ冒頭で紹介したような戒律を守りながらの生活が強いられていたのである。教団では、魂を清めるために音楽を重視し、今注目されている音楽療法なども試していたらしい。

もともと秘密厳守の教団であり、どの情報が真実でどれがウソなのかを探るのは至難の業。ピタゴラスが身に付けていた謎の服は鎧のように固く、その素顔はとても見えにくいのである。死についても謎があり、どういうわけか自ら戒律に定めた「ソラ豆を食べるな」が関係しているという。

ディオゲネスが伝えるところによると、あるとき、ピタゴラスが集会を開いていると彼らの秘密主義やエリート意識に反感を抱いた者たちが集会所に放火をした。これによって多くの弟子が命を落とし、ピタゴラスはかろうじて逃げ延びたが、たどり着いた所がなんとソラ豆畑だった。「豆を踏みつけるならば、いっそ殺されたほうがマシである」そう考えたピタゴラスは逃走をあきらめて捕虜になり、喉を切られて死んだというのだ。他に、捕らえられて断食したのが原因で死亡したという説、ソラ豆畑から逃走して助かったという説などもあるが、真相はもちろん不明。

それにしても、自らの首をしめるような奇妙な戒律を作った理由はなんだったのか？　これも定かではないが、ソラ豆を食べると胃のなかにガスがたまるから、食べない方がよく眠れるから、ソラ豆には魂があるから、など諸説ある。かの哲学者アリストテレスは、「ピタゴラスは、ソラ豆が人間の生殖器に似ていて、死の世界の門のように開き、宇宙全体の形に似ているから禁じたのだ」と説明している。理由はともあれ、ピタゴラスにとってソラ豆がとても神聖な存在であったことは間違いなさそうだ。

生没年も不明という謎だらけのカリスマの生涯だが、ピタゴラスの大発見と思想は、のちの数学や哲学の世界に多大な影響を与え続けている。

ルートヴィヒ2世（1845〜1886）
「地上に降り立った神」の悲劇の真相

ドイツのミュンヘンを南下すると、田園風景の中にシュタルンベルク湖が神秘的なたたずまいをみせて広がっている。湖の東岸には木の十字架が立っていて、毎年6月13日になると花輪が掛けられる。

約120年前のこの日、バイエルン王ルートヴィヒ2世が、精神科医のグッデンと共に湖から遺体で引き上げられた。それを偲んでの花輪である。

ルートヴィヒ2世の水死の原因に関しては、さまざまな説が乱れ飛んでいる。事故による溺死説、自殺説、さらには逃亡画策説もある。各風説の紹介をする前に、ルートヴィヒ2世の駆け足の履歴を紹介しておこう。

1845年、ドイツのバイエルン生まれ。類まれな美貌は「地上に降り立った神のようだ」と讃えられながら育った。女性は苦手で、従姉妹のエリザベートという女性に淡い恋心を抱くが、彼女はオーストリア皇帝に嫁いでしまう。15歳のときに聴いた『ローエングリーン』というオペラはルートヴィヒに多大な影響を与え、それ以来ワーグナーに熱中。19歳で即位すると、不遇の身であったワーグナーに年金を与え、オペラ座まで建ててあげたため、家臣たちは頭を抱え、ワーグナーに暇を出さざるを得なくなってしまう。それが引き金となり、政治を放棄してアルプス山中に隠棲してしまった。今で言う引きこもり状態。ここで唯一夢中になったのが城作りだ。

いまやドイツのロマンチック街道の名所となっているノイシュバーンシュタイン城

（通称・白鳥城）、トリアノン宮を模したとされるリンダーホーフ宮、ヴェルサイユ宮殿の再現を夢見て作ったヘレンキームゼー宮殿など、豪華な城や宮殿を次々に建設した。当然、莫大な費用がかかる。家臣たちはまたまた頭を抱えてしまい、何とか城作りをやめるように進言したが、聞く耳をもたないどころか、自分に刃向かう者を次々クビにしてしまう。そのためバイエルンの財政は困窮してしまい、隣国にまで借金を申し込むありさまだった。

そこで政府としては宰相のルッツを中心に緊急会議を招集。叔父のルイトポルトを摂政にして、ルートヴィヒを退位させることとなった。

このとき、ルートヴィヒを「病」に仕立てるために招かれたのが精神科医のグッデンだ。依頼を受けたグッデンは、クビにされた臣下たちから事情を聞いたため、国王にとっては不利な情報ばかりが集まってしまった。

こうして「王はパラノイアという不治の病にかかっているため、王権を行使するのは不可能である」という診断書が作成され、ルートヴィヒが廃位に追い込まれたのが1886年6月8日。以来彼は「狂王」のレッテルを貼られてしまったのである。

彼が病に仕立てられた背景には、ワーグナーと城作りに巨費を投じたということもあるが、それだけではない。プロイセンとの戦争に破れて支払わされた賠償金のため、バイエルン財政は破綻寸前。その責任をルートヴィヒ一人に被せてしまおうとする重臣たちの意図があったとされている。

こうして「狂王」の身柄は、当時住んでいたノイシュバーンシュタイン城からベルク宮に移された。城を出るときに彼は「一度も診察せずに、どうして狂っていると言えるのだ？」と尋ねたのだという。

その翌日の夜、狂王は精神科医のグッデンと共に水死体で発見されたのである。

この日の夕方、ルートヴィヒは「散歩に行く」と言い置いて、グッデンと共にベルク宮を出ている。雨になりそうだったので傘を持ち、帽子をかぶって外出したという記録がある。夜の8時になっても二人が戻らなかったため、捜索隊が出されたが、なかなか見つからなかった。その後、湖畔の浅瀬で傘や帽子が発見されたため、医師のミューラーがボートに乗って湖面を探すと、浅瀬で狂王が、続いて湖岸近くの水際でグッデンの水死体が発見されたとされている。

ルートヴィヒの身にいったい何が起きたのか？

遺体を調べてみると、グッデンの遺体には首を絞められた跡があり、右手の爪が一カ所剥がれていた。さらに現場検証の結果、岸辺には6つの足跡が残され、明らかに争ったあとがあることが判明。

ルートヴィヒの死については、関楠生氏の著書『狂王伝説ルートヴィヒ二世』に詳しいが、残された証拠からいくつかの推理をしてみよう。

まずは自殺説。自殺しようとしたルートヴィヒをグッデンが止めようとして争いになり王がグッデンの首を締めて殺害。その後、王も湖で自殺したという説で、これが現在でも通説となっている。しかし、二人は泳ぎが得意だったとされ、泳ぎの上手い人間が水深1・5メートルのところで死ぬことができたのか、という疑問が残る。

次は事故説。誤って水死したというものだが、王は泳ぎが非常に上手だったことからして、説得力に欠ける。

もう一つが逃亡画策説。王が死んだ日、湖の対岸の宿に、王がその昔恋い焦がれたエリザベートが滞在していたという情報がある。実は、エリザベートは王を袖にしてオーストリアに嫁いだのだが、その後も二人は文通していたというのだ。そこで、2人で示し合わせて逃亡を計画したのだが、それを知った第三者の手によって、殺害されたというものだ。

エリザベートは逃亡のための馬車を用意していたとか、用意していたのはボートで、警備の少ない所から上陸し、ルートヴィヒを逃す計画だったなどいくつかの噂が流れたが、定かではない。それにしても、誰が何のためにこの逃亡計画を阻止し、殺害したというのか？

その他、心臓マヒ説、他殺説などあるが、いずれにしろ、狂王の死因はシュタルンベルク湖の霧のなかに隠れたままだ。

なお、文豪・森鴎外は狂王の死をモチーフにした『うたかたの記』という短編小説を発表している。そこでは王が湖に浮かぶボートの中でかつての恋人の幻影を見て湖に飛び込み、止めようとしたグッデンと格闘になり、あやまって溺死《できし》したという内容になっている。さすがは森鴎外。「地上に降り立った神」の最期にふさわしいロマンチックな幕切れを用意したものだ。

第四章

その生涯と軌跡をめぐる謎と暗号

イエス・キリスト（前4頃〜30頃）

出生から復活まで…「神の子」がたどった足跡

暮れの一大イベントといえば、クリスマスである。日本のキリスト教徒の人口比はわずか1％程度だといわれるが、クリスマスシーズンになると毎年キリスト教国のようなお祝いムードに包まれる。

もちろん、12月25日が「何の日か？」と聞かれれば、ほとんどの人は「キリスト教の開祖＝イエス・キリストの誕生日」と答えられるだろう。ちなみに、「イエス」というのはごく一般的なユダヤ人の人名、「キリスト」はギリシア語で「救世主」の意で、姓ではなくて称号のようなものだ。欧米はじめキリスト教国の人々は、クリスマスを「降誕祭《こうたんさい》」とし、この世に救いをもたらす〝救世主〟の誕生を盛大に祝う習慣がある。

ただし、実際にイエスが12月25日に生まれたという証拠はどこにもない。生涯を通じて謎に満ちたイエスだが、誕生から早速「謎」に突き当たってしまう。

何故キリストの誕生日が12月25日なのかというと、この日は当時の暦では「冬至」にあたる。冬至といえば、周知の通り1年中で昼の時間が最も短くなる日。古代ヨーロッパの人々は、1年の折り返し点となる冬至を重要な祝日とし、太陽と緑の復活を祈る「冬至祭」を行なっていた。つまり、生命の誕生を祝う意味の祝日ではあったが、もともとはキリスト教のお祭ではなかったわけだ。それがイエスが没して300年以上が経過した4世紀になって、イエスの誕生日と定められたという経緯があり、実は本当の誕生日は、不明なのである。

誕生年についても不明で、紀元前8〜前4年頃というのが通説である。この誕生年から、「紀元元年が、イエスの誕生年ではないのか?」と、さっそく疑問を持った方もいるだろう。確かに、西暦ではイエスの誕生年を紀元元年とし、それ以前を紀元前＝「B.C.」、それ以降を紀元後＝「A.D.」とするが、これは6世紀以降の考え方であり、初期教会史の誤りから実の誕生年と西暦の間にズレが生じてしまったようだ。

このように、キリストの生涯は、初めから歴史的な大誤解に彩られている。

出生地や誕生についても謎だらけ。通説では、イエスは中東パレスチナにある小村の馬小屋で誕生し、母マリアは「処女懐胎」つまり聖霊によって身篭ったとされる。父（養父）は大工のヨセフで、真の父は神である。

ただし、出生地についてはパレスチナの「ベツレヘム」といわれる一方で、同じくパレスチナの「ガリラヤ地方のナザレ村」である可能性が高いとする説もあり、母の処女懐胎についても諸説ある。福音書の分析によると、最古の「マルコ伝」には処女懐胎の神話はないという。そこで、処女懐胎は後に救世主であるイエスの存在を強調するために加筆されたのではないかという見解が現在では一般的だ。

一方、イエスを敵視したユダヤ教の文献をみると、イエスは私生児であり、不倫の子であることを強調する記述もみられる。敵対した背景には、イエスが独自の教えを説き、ユダヤ教のありかたに批判的だったという事情がある。

イエスがヨハネから洗礼を受け、ユダヤ教の律法教師（ラビ）となるのは30歳の頃。自分は神の子であると確信したイエスは40日40夜を荒野で過ごし、悪魔の誘惑を退けたのち、12人の弟子を得てガリラヤ地方で本格的な宣教を始める。その教えはユダヤ教とは異なり、誰もが「神の愛」によって救われ、父なる神の愛は弱き者にこそ及ぶ、というものだった。

布教活動の際には数々の奇跡的な行為にも及んだ。重い病を癒す、目の見えない人に光を与える、水上を歩行する、5つのパンと2匹の魚だけで5000人もの人々を満腹にさせるなどの奇跡を目の当たりにし、民衆の支持は広がりを見せた。

では、イエスは人の生死さえ操れるほどの神通力をいつどこで宿したのだろうか？

残念ながら、幼少期をナザレで過ごして以降、13歳から30歳で洗礼を受けるまでの約17年間の足跡は空白になっている。

イエスの生涯を知るいちばんの手がかりは、『新約聖書』に収められた4つの福音書である。「マタイによる福音書＝マタイ書」、「マルコによる福音書＝マルコ書」、「ルカによる福音書＝ルカ書」、「ヨハネによる福音書＝ヨハネ書」だが、この中で空白の17年間についてはほとんど触れられていない。

イエスは、青年期をどこでどう過ごしていたのか？

「ルカ書」の第2章46節には、ほんの少しだけ12歳のイエスについての記述が見られる。これによると、父母と共にイスラエルに巡業した際、律法学者と議論を交わし、その聡明さに周囲の人々が驚いたという。さらに、「ルカ書」の第2章最終節には、「イエスは知恵が増し、背丈も伸び、神と人とに愛された」とあるが、これ以降、洗礼を受けるまでの経緯は白紙になっている。定説ではナザレで大工をしていたというが、情報はあまりに少ないのである。

福音書の内容の多くは洗礼後のイエスの動向だが、彼が実際に教えを説いた期間はわずか3年。布教活動によって信者も順調に増えていた矢先、イエスは弟子と共に聖都エルサレムに入場する。ユダヤ教の大祭の日だった。しかし、弟子の一人ユダの裏切りからユダヤ教指導部によって捕らえられてしまう。「反ローマの危険人物」としてローマ総督に引き渡されたイエスは死刑判決を受け、ゴルゴタの丘で十字架刑に処せられた。イエスの生涯は34年といわれているが、ただし、正確な没年は不明である。イエスは、事前に自らの死と復活を告げていたが、復活を信じる弟子たちによって原始キリスト教団が成立。そして、イエスを救世主＝キリスト、すなわち神の子であるとして、この宗教を世界中に広めていった。

予言通り、イエスは3日後に復活する。弟子たちの前に現れ、「全世界に行って福音（神の教え）を宣告せよ」と告げる。そして復活から40日目、弟子が見守る中、オリーブ山の頂上から肉体のまま昇天し、姿を消す。

福音書によると、イエスは十字架上に釘打たれ、ほどなくして息絶え、ローマ軍兵士によって槍で胸を突かれた。つまり、息を引き取ったのは、ローマ兵が剣でイエスの体を突き刺す前だったことになる。死体は総督の許可のもとに取り降ろされ、仮埋葬された。が、3日後には超常的な復活をみせ、弟子たちのもとに現れた。

一度死んだ人間が肉体を持って姿を現したというのは不思議だが、この復活劇については、さまざまな仮説・奇説がある。

代表的なのが〝蘇生説〟。3世紀の教父オリゲネスの著書『ケルソスへの反論』にローマ人哲学者ケルソスが唱えた説が記されている。それによると、イエスは十字架にかけられてから仮死状態に陥り、処刑死したとみなされたため、死体取り降ろしを許可された。

仮死状態に陥ったのは、鎮痛剤として麻酔薬が与えられたためだった。しかも、死体にはアロエエキスなどの香料が塗られていたため、これが治癒効果を発揮してイエスは蘇生。墓穴から這い出たというのだ。

十字架上では死なず蘇生していた。この伝承から、さらに多くの奇伝が生まれた。たとえば、蘇生したイエスは故郷に帰って生き永らえた。あるいは、イエスには双子の兄弟がいて、その兄弟が処刑死したあと復活劇を演じた。秘密結社エッセネ派がイエスの体に薬剤を塗り、仮死状態になるための工作を施していた。近年では、イエスは宇宙人だったという、アメリカの天文学者モリス・K・ジェサップ氏による奇想天外な説まである。

いずれも仮説の域を出ていないが、イエスを埋葬した墓穴が3日目までに空になっていたことは事実とされる。

では、イエスは本当に蘇生して墓穴から脱出したのか、それとも死体は盗み出されたのか、移し変えられたのか？　死体の行方についても多くの仮説があるが、真相は謎のままである。

付け加えれば、福音書はイエスの死後、紀元60～100年頃に弟子たちによって編纂されたとされている。そこで、弟子たちの主観や希望から改ざんされた可能性、または創作が加えられた可能性は否定できない。

確実な物的証拠が乏しく、謎がさらなる謎を呼ぶ、イエス・キリストのミステリー。しかし、2000余年前に誕生した一人の男が、長い時間を経て壮大なる歴史力を保持し続けていることだけは、紛れもない事実である。彼の登場によって歴史の流れが大きく変わったことも……。

マルコ・ポーロ（1254〜1324年）
「東方見聞録」に浮かび上がった疑惑

大航海時代（15世紀）に活躍した探検家の愛読書といえば、マルコ・ポーロの『東方見聞録』である。あのコロンブスも稿本を手に入れ、366カ所にわたる書き込みをしたというから、かなり熱心に読み込んだのだろう。そして、大航海時代の探険家マゼランもヴァスコ・ダ・ガマも、この本に影響を受け、未知の東洋に憧れを抱いていた。

『東方見聞録』は簡単にいえばマルコの東方旅行談だが、そこに記された内容は、当時のヨーロッパの人々にとって世の価値観が変わるほど衝撃的で心躍らせるものだった。たとえば、元（中国）の皇帝フビライ・ハンの豪華な暮らしぶりや、宝石や絹などの贅沢品、珍しい香料など魅力的な話題が満載され、日本も「黄金の国ジパング」として初めて西欧に紹介されている。

マルコ・ポーロが誕生した1254年は、大航海時代より遡ること2世紀。本が書かれたのは1298年とされ、当時、「黄金の国ジパング＝日本」は鎌倉時代だった。『東方見聞録』を読んだコロンブスは、中でもそのジパングに強い関心を示し、黄金や真珠や香料に溢れた素晴らしく豊かな国をイメージしていたようだ。

ジパングがどのように紹介されていたかというと、

「東の方、大陸から1500マイルの大洋にある、まことに大きな島で、この島では非常に豊かに金を産するので国民はみな莫大な量の黄金を所有している……。国王の宮殿はすべて純金で覆われ、屋根は全部純金でふいている。その価値はとても評価できるものではない。さらに宮殿内の各部屋の床は全部〝指二本の厚みのある純金〟で敷き詰められていて、他の広間や窓もいっさいすべてが金で飾り立てられている。この宮殿の計り知れぬ豪華さは、いかに説明してもとても信用されないほどである……」

そして「この国では美しいバラ色の丸くて大きな真珠がたくさんとれる……」と、まあこんな感じである。

おや、何だか変だ、と思った方もいるだろう。

ここからイメージするのは、純金づくめの黄金の国、お金持ちの国、ジパング。確かに当時の日本では黄金を産出していたが、少々印象が偏りすぎている。純金で覆われた宮殿といえば金閣寺がすぐ連想されるが、金閣寺が建立されたのはマルコが活躍した時代より1世紀以上あとの1394年のことである。

マルコは本当に日本を訪れ、見て体験したことを書いたのだろうか？　そんな疑念を抱く人がいても不思議はない。

実は、この本を読み込んでいくと、「マルコ・ポーロは本当に日本や中国に行ったのか？」という根本的な疑問にたどりついてしまうのである。

そもそも、なぜマルコは長期間にわたって中国に滞在し、『東方見聞録』を書くことになったのだろうか？

経緯はこうだ。イタリアのヴェネツィアで生まれたマルコ・ポーロは、ヴェネツィア商人だった父と叔父と共に17歳で東洋への長旅に出発する。1274年に元の国に到着すると、時の皇帝フビライ・ハンと会い、若くて利発なマルコは早速皇帝のお気に入りとなる。以後、側近となって中国各地を巡り、17年間を過ごす。1290年に祖国イタリアに戻るが、ジェノヴァとの戦争に巻き込まれて捕虜となり、牢獄生活を強いられる。ところが、思いがけず、それが名著を誕生させるきっかけとなるのである。

獄中でマルコが東洋のみやげ話をしたところ、これが「とても面白い」と評判を呼び、多くの人々が話を聞きに集まってきたのである。マルコの体験に興味を示した者の中に、たまたま物語作家ルスティケロがいた。文士からみてもマルコの話はかなり魅力的で新鮮に映ったのだろう。彼が暇に任せてマルコの話を口述筆記し、ついに『東方見聞録』の稿本が産声を上げた。つまり、この本を直接執筆したのはルスティケロ、つまりゴーストライターだったのである。間もなくその写本がヨーロッパに広まり、世界中で読み継がれるようになる。

ただし、マルコの話した内容がすんなり人々に受け入れられたわけではなかった。むしろ多くが懐疑的で、マルコに「百万（イル・ミリオーネ）」というあだ名がつけられたほどだ。マルコがアジアのものを数えるときにいつも「百万」と言ったことから、それが皮肉られ「ほらふき」とか「大げさな話をする男」の意で「百万」と呼ばれるようになったのである。見方を変えれば、それほど本に描かれた東洋の世界が現実離れしていたことになる。

その後、『東方見聞録』の大部分は実体験に基づいて書かれたことが認められ、マルコは100年を経て名誉挽回する。が、これで一件落着ではなかった。〝百万男の疑惑〟はなんと600年以上を経て再び蒸し返されるのである。

話は現代に跳ぶ。あるとき、大英図書館中国部主事フランシス・ウッド女史が大疑問にたどりついた。

「マルコ・ポーロは本当に中国へ行ったのだろうか？」

そして疑惑解明のための徹底調査に乗り出した。

女史が『東方見聞録』を読めば読むほどその謎は深まり、素朴な疑問が複数浮かび上がってきた。

マルコは確かに鋭い観察眼で東洋をとらえ、各地のさまざまな物産や贅沢品について紹介している。序文にはマルコが見た世界を記したことが説明されてある。しかし、全体を見渡してみると、何かが足りない。中国の旅を語るとき、必ず触れるはずの絶好の話題がストンと抜け落ちているのである。

代表的な建造物である万里の長城についての記述がないのは何故だろう？

中国の食に欠かせないお茶についての記述が皆無なのは何故だろう？

中国独特の「纏足《てんそく》」という女性の風変わりな風習について、一言も触れていないワケは？

そもそも、マルコはフビライに重用され17年間も側にいたというのに、当時の中国の文書にマルコやその一行の存在がまったく記されていないのは、どう考えても不自然ではないか？

確かに、フビライの側近でなければ知りえないような内容も十分に記載されているが、一方で現地人との人間味溢れるエピソードがないのも不自然といえば不自然。旅行記というにはどうも臨場感に欠けている。

ウッド女史は、疑惑解明のための研究を重ね、『東方見聞録』に描かれた内容は、マルコが体験したものがすべてではないこと、マルコは実際に中国までは行かず、父や叔父の体験などからヒントを得て、その他の資料と合わせる形でまとめたのではないかと推測している。マルコ本人は、一家の貿易の拠点だった黒海とコンスタンチノープル以東へはまったく行っていないという見解なのである。

同様の疑念を抱いた多くの研究者らも、マルコが元まで行ったことに否定的。実際に行ったのは西アジアあたりまでで、人に聞いた話や集めた情報をまとめたのだという見解で一致している。中にはマルコ・ポーロの存在自体に疑問を投げかける研究者もいるほど、不可解な点が目に付くのである。

また、『東方見聞録』の初版はほんの40～60ページほどだったが、多くの人が内容を書き加えながら版を重ねたという事実もある。つまり、この本はマルコがベースとなる架空の旅行記を作り、その上に次々化粧が施され、今の形が作られたという見方ができるわけだ。

結局、世界中の人々が数百年にわたって「百万の男」の作り話を信じていたということだろうか？

真相にたどり着くのは今や至難の業だが、この本がのちの大航海時代に多大な影響を与えたことに変わりはない。そして、世界の歴史の流れをこれほど左右した一冊も他にないだろう。

ナポレオン（1769〜1821）

死因をめぐる三つの仮説

数々の名言でも知られるフランスの歴史的英雄ナポレオン・ボナパルト。彼は、「私は遠からず死ぬが、そのときには私の体を解剖してもらいたい……」という遺言を残し、1821年5月5日、セントヘレナ島にて52年の生涯を閉じた。ナポレオン自身の言葉を借りれば、「ひとつの小説」のような人生だった。そして、死後もなお、小説のような話題を提供し続けている。

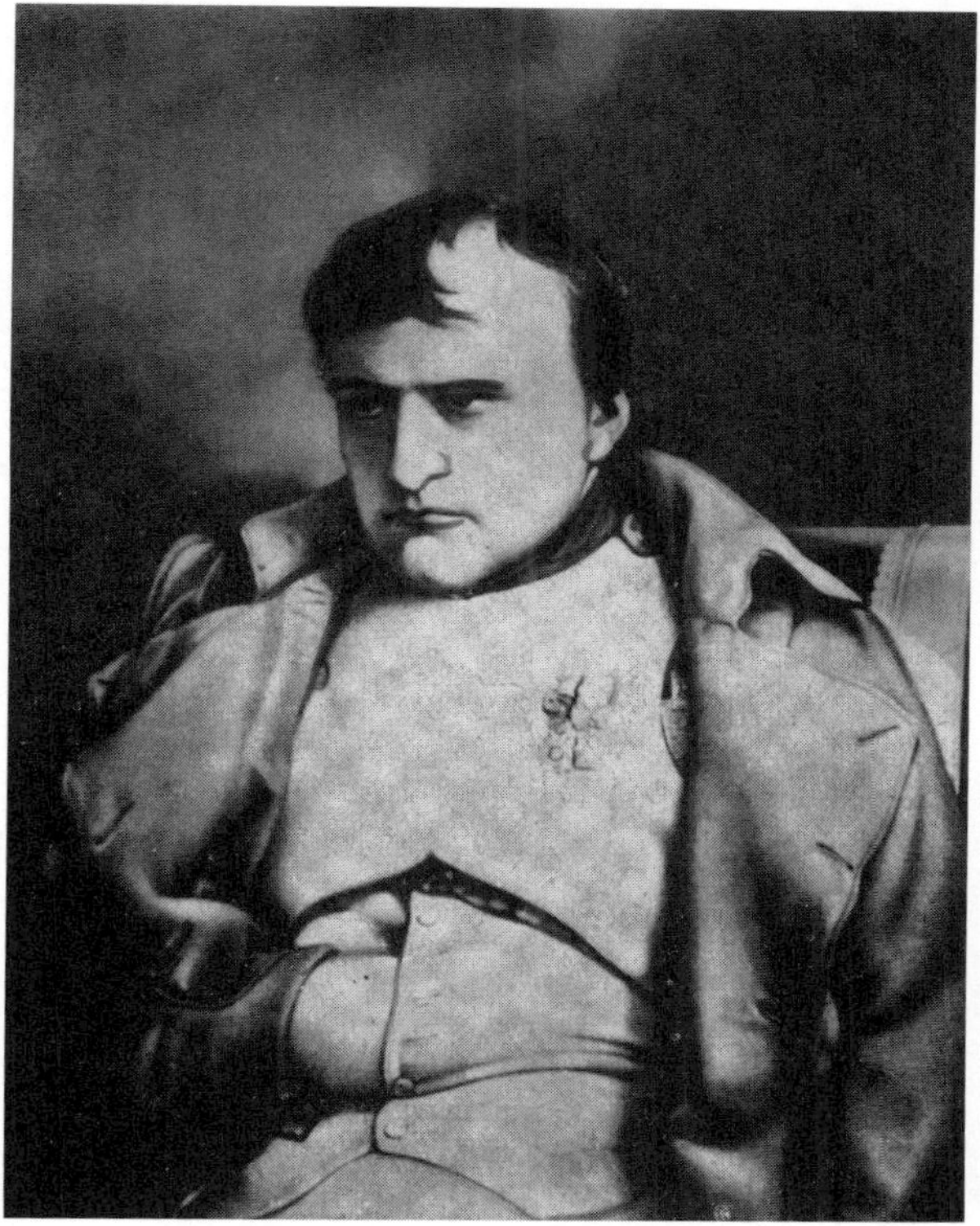

ナポレオンを死に至らしめたものの正体は…

死の翌日の5月6日、数人の医師の立会いのもと、遺言通りにナポレオンの遺体の解剖が行なわれた。記録された解剖所見は次の通りである。

「出血を伴う胃潰瘍と慢性胃炎の所見、肝臓の肥大……」

持病の胃潰瘍が進行し、胃壁に穴が開いていたことが判明。最終的な死因は「胃がん」と診断された。腫瘤を形成しない潰瘍性の進行ガンに冒されていたようだ。以来、「ナポレオンは胃がんで死亡」が通説となった。

ところが、死から100年以上も経過してから、胃がん死に異論を唱える者が多数出てきたのである。死因に疑念を抱いた研究者らがナポレオンの遺髪や当時の記録を洗い直した結果、浮上したのが毒殺をはじめ死因をめぐるさまざまな仮説である。主な仮説は次の通り。

仮説1「毒殺説」政敵か恨みを持つ側近によって毒（ヒ素）を盛られ、殺された。

仮説2「中毒死説」なんと、壁紙の顔料に含まれる「亜砒酸銅」が真犯人。壁紙にある種のカビが生えると、亜砒酸銅との反応でヒ素を含む有毒ガスが発生するため、中毒死した。

仮説3「医療ミス説」死の直前にカロメルという腸の薬を大量に投与したことでショック症状を引き起こし、心停止した。

どれも一理ある。たとえば、これまでに複数の研究機関がナポレオンの遺髪を科学的に分析しているが、いずれもヒ素濃度が非常に高いことが確認されている。また、ナポレオンが晩年を過ごした館の壁紙に亜砒酸銅を含む顔料が使われていたことも、死の直前に無謀な医療行為があったことも事実である。

英雄を最期に倒したのはいったい誰なのか……？　結論はあとに回すとして、ナポレオンの生涯を辿ってみると、栄光の陰にあった「体の不調との戦い」という知られざる姿が浮かび上がってくる。

そのことを暗示しているのが、なんとナポレオンの皇帝時代の肖像画である。フランスの新古典主義の巨匠ジャン・オーギュスト・ドミニク・アングルらが描いた有名な肖像画を見ると、ある特徴に気づく。片方の手を上着のポケットに突っ込み、ちょうどみぞおちあたりを抑える格好になっているのである。

それは、単なる英雄のポーズではなかったようだ。このポーズを好んだ理由としてよく言われる説が「持病の胃潰瘍の発作を鎮めるため」というもの。ナポレオンは皇帝となった人生のピーク時から胃が悪かったというのである。

皇帝に至るまでのナポレオンは、病気も逃げるほどの絶大な勢力を誇り、「軍略の天才」の名を欲しいままにした。コルシカ島の下級貴族の家に生まれ、フランスの兵学校を経て軍人となった彼は、若くして頭角をあらわし、イタリア遠征の総司令官に抜擢される。この遠征でオーストリアを破ってからは一躍国民的ヒーローに。その後総裁政府を打倒して政権を手にし、1804年には皇帝の位につく。以来軍事的独裁を強化し、全ヨーロッパ諸国への支配を強めて全盛期を迎える。が、華やかな表舞台の裏で、ナポレオンは胃の痛みと戦っていたらしい。

それだけではない。他にも、皮膚疾患、排尿障害、痔疾など、数々の持病に悩まされていたという。戦いに明け暮れ、体を酷使し過ぎた影響だろうか。

帝国がゆらいで以降、体調はさらに悪化していく。

天下のナポレオンも1812年のロシア遠征に失敗。これをきっかけについに力尽きて退位し、エルバ島に流刑。一度はパリに戻って帝位に復したが、ワーテルローの戦いで敗北した後は、大西洋の孤島セントヘレナ島に流罪となる。この島に流されたのは1815年だが、1817年頃から体調悪化は著しくなる。

毒殺説が本当だと仮定すれば、この頃、何らかの〝不吉な影〟が忍び寄ってきたのだろうか。

死の前年の1820年の秋頃になると、胃痛、嘔吐、食欲不振、下痢、便秘、発熱など、さまざまな症状を訴え、過度に衰弱。セントヘレナ島に行くとき同行した担当医の周辺はにわかに慌しくなり、下剤を大量に与えるなどして症状を軽減させる努力を重ねたようだ。

そして死の直前、援護チームの英国軍医の指示でカロメルという薬を大量に処方する。ところが、服用の数時間後に容態が急変。腸出血、心拍の乱れ、強い発汗などの末期症状があらわれ、ついに力尽きてしまうのである。英雄が再び目を覚ますことはなかった。

こうした状況から、医療ミス説を唱える学者が出てきたのだが、毒殺説を唱える側も、強力な証拠を突きつける。

近年毒殺説が広まるきっかけとなったのは、病床のナポレオンの世話役だったルイ・マルシャンという人物の日記を子孫が公表したことだった。その日記には、病床のナポレオンの様子が詳細に記されていた。

スウェーデンの歯科医ステン・フォルシュフード医師は、この日記の内容から、「ナポレオンの病状の推移は、長期にわたり少しずつヒ素を投与された結果の中毒症状そのもの」と断言。

また、モンペリエ大学ルネ・モーリ教授は、マルシャンの日記の次の一文に注目した。

「皇帝は病床の末期には毎晩のように寝室の中を歩き回り、寝場所をあちこちかえるようになった」

モーリ教授は独自の調査を試み、寝場所を変えるのは段階的投与によるヒ素中毒の典型的な症状であることを突き止めた。また、毒殺犯はナポレオンと主従関係にあったモントロン伯爵だと初めて名指ししている。

実はナポレオンとモントロン伯爵は少年時代からの友人でもあり、流罪になったときも一緒にセントヘレナ島に渡った。しかし、同行した伯爵夫人のアルビーヌとナポレオンが不倫関係に陥り、女の子を出産。この女の子は翌年死去するが、モントロン伯爵は二人の関係が許せなかった。そこで、食事の世話係をしていた伯爵は、ワインに毒を盛り、じわじわとナポレオンを死に至らしめたというのである。

また、国際ナポレオン協会の創設者ベン・ワイダー博士は、専門家に依頼してナノレベルでの毛髪の詳細な分析を行った。その結果、毛髪に含まれるヒ素の量から内服によって長期間にわたりヒ素が体内に蓄積されたことを確認している。

こうして、毒殺説はほぼ立証されたかに思えたが、最近になって今度は「病死（胃がん）説」を裏付ける決定的証拠が示された。

スイスのバーゼル大学病院の病理学者リュグリ氏らが、死亡前5カ月間にナポレオンの体重が急激に減少していたことを突き止めたのである。研究チームはナポレオンが生前着用していたズボンのサイズなどから体重の変化を割り出した。その結果、1820年の段階では身長167㎝、体重90・7㎏だったものが、1821年5月の死亡時には体重75・7㎏にまで減少し、特に死の直前5カ月間には11㎏も一気に減っていることが明らかになった。

ナポレオンは、激ヤセしていたのだ。

ちなみに、ナポレオンの父シャルル・ボナパルトの死因も胃がんで、1785年に39歳の若さで他界している。これも胃がん死説を裏付ける貴重な資料である。

こうした経緯を経て、現在は病死説＝胃がん死説が優位だ。しかし、この論争が完全に終結することはないだろう。なぜなら、ナポレオンの死因をめぐる論争は、今や娯楽の域に達しているからだ。

誰もが納得する死因にたどり着く日は果たして来るのだろうか？

アインシュタイン（1879〜1955年）
摘出された天才の「脳」の行方

20世紀最大の天才科学者、アルバート・アインシュタインがこの世を去ったのは、今から50余年前の1955年4月18日午前1時15分のことだった。享年76歳、死因は腹部大動脈瘤の破裂。午前中のうちに解剖が行なわれ、その後、アメリカ・プリンストンで葬儀を終えたのち、遺志に従って遺体は火葬され、灰は川に蒔かれた。墓は作られなかった。

もじゃもじゃ頭の親しみやすい風貌。そして、「舌を出した写真」でも知られるように、茶目っ気のある人柄だった。

そのアインシュタインの肉体はここで跡形も無く消え去ってしまったはず……。ところが、死の6時間後、トーマス・ハーベイという医師の手により脳が摘出されていたことが後でわかった。ハーベイは当時プリンストン医学センターの病理学長で、解剖の際に無断で摘出作業を行なっていたのだ。取り出された脳は頸動脈《けいどうみゃく》からホルマリンが注入され、完全な形で保存された。遺族の感情を無視した身勝手な行動。当然、遺族の抗議を受けたが、交渉の末「脳の謎を科学的に解明し、きちんと論文で報告する」という条件つきで、息子らの承諾を得たのだという。

アインシュタインの脳については、1993年にBBCがドキュメンタリー番組を製作している。その取材過程で、また新たな衝撃的事実が発覚。解剖の際に摘出されたのは脳だけではなく、眼科医によって、両目も取り出されていたというのだ。

天才・アインシュタインの脳の秘密とは…

天才の部品のあちこちが火葬を免れ、個々に保存されていたのだが、ここでは脳をテーマに話を進めよう。

脳の摘出騒動は当初は内密にされていたが、まもなくメディアがかぎつけ、『ニューヨーク・タイムズ』誌にすっぱ抜かれた。世間の目はハーベイの研究に注がれたが、なかなか研究報告はなされない。それどころか、当のハーベイがホルマリン漬けの脳と共に姿を消してしまった。何があったのか？

実は、彼の人生は自ら摘出したアインシュタインの脳によって激変させられていたのだ。

「天才の脳にはきっと秘密があるに違いない……」

ハーベイはその好奇心を抑えきれずにアインシュタインの脳を摘出したはずだが、天才の脳と一般人の脳との違いはそう簡単には見出せなかった。むしろ期待はずれで、アインシュタインの脳の重さを調べたところ、人類の脳の重さの平均値1400グラムを下回る1230グラムに過ぎなかった。他に天才の脳の特性を探ることもできず、結局、医学センターは解雇されてしまった。

こうして、一時消息が途絶えたアインシュタインの脳だが、この問題の脳が生前も世間を騒がせていたことは周知の通り。

物理学の世界では、1905年は「奇跡の年」と称され、この年にアインシュタインは、重要な3つの論文を次々と発表した。まず、光をエネルギーの粒であるとした「光量子説」、次に物質を構成する分子の動きや構造を気体分子運動論的に説明した「ブラウン運動論」、そして、時間と空間の概念を覆《くつがえ》した「特殊相対性理論」。この三つ目の理論では、自然界において絶対不変のものは光の速度であり、それ以外はみな相対的な存在にすぎないことを証明して見せた。

のちの1921年、アインシュタインは光量子説でノーベル物理学賞を受賞。事前の予測では特殊相対性理論で受賞との見方が濃厚だったが、光量子説の方が受賞した理由については二つの説がある。一つは当時のノーベル賞選考委員の中に、特殊相対性理論を十分評価できる人物がいなかったというもの。もう一つは、当時反ユダヤ主義者の間で、ユダヤ人の研究成果である相対性理論を排斥する運動が起こっていたということ。つまり、政治的な理由で、相対性理論の受賞を避けたというのだ。

この史実からもわかる通り、アインシュタインはユダヤ系ドイツ人である。

商人の父と音楽好きな母の長男としてドイツ南部のウルムに誕生したのは、1879年3月14日。意外にも、幼少期のアインシュタインは、大人が気をもむ問題児だった。話し始めるのが遅く、しかも標準体重を大幅に越えるほど太っていたため、両親は障害があるのではないかと本気で心配していた。普段は物静かで一人遊びが得意な子供なのだが、ときおり癇癪《かんしゃく》を起こして手がつけられなくなる。威圧的なものに対しては強い嫌悪感を示し、詰め込み式の授業は大の苦手。彼が通ったミュンヘンの小学校は軍隊式の教育法を重んじ教材の丸暗記を強制したため、早くも学校嫌いになってしまった。

しかし、数学や物理には早くから興味を示し、独学でどんどん高いレベルへと進んだ。超マイペースなので同級生は彼のことを「のろま野郎」などと呼んだが、興味のある分野については徹底的に追究する姿勢を貫いたのである。

高校は中退し、16歳のとき、アーラウ州立学校という村の小さな学校に転入。こちらは自由な校風で肌に合い、楽しい学校生活の中で成績もよく伸びた。その後チューリッヒ工科大学に学ぶが、マイペースぶりは相変わらず。興味のある授業以外は真面目に取り組まなかったため、今度は教員から目をつけられて「なまけものの犬」呼ばわりされてしまった。就職もスムーズに行かず、ようやく友人の紹介でスイス特許局に採用されたのは、1902年のことだった。

研究者としてはエリートコースをはずれる形となったわけだが、なんとそれからわずか3年後に、「奇跡の年」1905年がやってくる。アインシュタイン青年、26歳のときだ。

彼は特許局での仕事の傍ら、物理学の研究を重ね、世界を震撼《しんかん》させる論文をまとめあげていた。天才の脳はこの時代に熟成され、一気に開花したのである。

7年間務めた特許局を辞職したアインシュタインは、大学教授をしながら研究を継続し、「一般相対性理論」の完成を経てノーベル賞を受賞。世界の表舞台に踊り出る。その後、ナチス党の迫害から逃れるためにアメリカに亡命し、2度とヨーロッパに戻ることはなかった。

こうした経歴からもわかる通り、アインシュタインは特別な英才教育を受けたわけでも、神童と言われていたわけでもない。むしろ若い頃は落ちこぼれの反逆児だったが、興味のある分野を徹底して追及する中で才能を伸ばしていった。

となれば、やはり脳に天才の秘密が隠されているのだろうか？

死後摘出された脳に話を戻そう。アインシュタインの脳とそれを保有していたトーマス・ハーベイは、いったいどこに消えてしまったのか？

アインシュタインの死後24年が経過した1979年、『ニュージャージー・マンスリー』誌の記者スティーブン・レヴィが追跡調査を実施。そして、ハーベイがカンザス州にいることを突き止めた。実は、ハーベイは天才の脳の謎の解明を諦めてはいなかった。自らは研究成果を出せなかったものの、今度は他の科学者に謎の解明を託し、薄くスライスした脳をあちこちに郵送していたのだ。

そして、手ごたえがあった。マリアン・ダイアモンドというカリフォルニア大学バークレー校の解剖学の教授が、アインシュタインの脳と一般的な人間の脳との違いを発見したというのだ。

ダイアモンド教授によると、アンシュタインの左脳・頭頂皮質下部から、脳のニューロン（神経細胞）に栄養を与える「神経膠細胞《しんけいこうさいぼう》」（＝「グリア細胞」）が平均より多く見つかったという。このグリア細胞が脳の活動の鍵を握っており、細胞数が多ければ、ニューロンが多くの栄養を摂取することが可能になり、脳の活動が活発になるという理論だ。ダイアモンド教授がこの研究報告を行なったのは1985年。当時はほとんど注目されなかったが、のちの1999年に、カナダ・マクスター大学の脳神経学者サンドラ・ウィテルソンが次のような報告をした。

「アインシュタインの脳の頭頂葉下部は、普通の人より15パーセントも発達し、厚みで1センチの違いがある」

つまり、ダイアモンド、ウィテルソン両教授とも、頭頂葉の同じ領域にアインシュタインの脳の特異性を見出したことになる。そして、頭頂葉下部は、数学的な思考能力に関わる領域に他ならない。

こうして、従来はニューロンの補佐役として軽視されてきたグリア細胞にスポットが当たり、脳の秘密の扉が開かれたのである。

ダイアモンド教授の説については、懐疑的な研究者もおり、実際にグリア細胞が知性や才能に深く関わっているのかどうかは推測の域を出ていない。今後の研究で、天才の脳の解読がさらに進むことが期待されるが、果たして、脳科学の常識が覆される新たな「奇跡の年」は訪れるのだろうか？

アレクサンドロス大王（前356～前323）

世界帝国を築いた青年王の最期の日

史上初めてオリエントに〝世界帝国〟を築いた古代マケドニアのアレクサンドロス大王（アレキサンダー）。活躍した時代ははるか昔の紀元前4世紀だが、その英雄伝説は今もなお色褪《いろあ》せず、近年も、オリバー・ストーン監督の映画『アレキサンダー』（2004年、アメリカ）の公開で話題を集めた。この映画に主演したのは、注目の若手俳優コリン・ファァレル。彼のイメージを本物のアレクサンドロスと重ね合わせている人もいるだろう。

実際に「けっこうな美男子だった」との噂もあるが、アレクサンドロスの肖像画は数多くあり、しかも描かれた姿に一貫性がないため、本当に美形だったかどうかは断言できない。初期の肖像画の印象からわかるのは、目はまん丸、あごは大きめ、鼻筋は通っており、髪は茶色でぼさぼさ……という程度のこと。父親譲りのずんぐり体型で血色がよかったとも言われているが、容貌はさておき、彼がすぐれた知力・体力を備えていたことは間違いない。

この青年王の生涯は、栄光と波乱に満ちていた。

弱冠20歳で王位に就き、およそ10年で東はインダス川、西はギリシア、エジプトに至る巨大帝国を作り上げ、帝国の基盤を固めた矢先に突然の死……。英雄の死には「謎」がつきものだが、アレクサンドロスもしかりで、「毒入りワインで暗殺されたのではないか?」「いや、チフスだろう」「胸膜炎では?」と、死後さまざまな憶測が乱れ飛んだ。見方によっては、確かに不自然な死であった。

戦いに捧げた王の生涯をまず振り返ってみよう。父はマケドニア王フィリッポス2世だが、アレクサンドロスが生まれた当時、マケドニアはギリシア北方の新興勢力として発展していた。ところが、父王が暗殺されたため、急遽、若き息子のアレクサンドロスが後を継ぐことになる。

世界征服を目指したアレクサンドロスは、前334年、マケドニア・ギリシア連合軍を率いて東方遠征に出発。前333年のイッソスの戦いでは見事ペルシア軍を討ち破り、領土を拡大する。大王軍はそのまま破竹の勢いで進撃を続け、翌年にはエジプトを占領し、ナイル川の河口にアレクサンドリア市を建設。さらに、バビロン、スサにまで進撃。前327年には西北インドにまで達し、ギリシア、エジプト、小アジアの広範囲を手中に収めた。若き王はすべての戦いに圧勝し、無敵だった。しかし、帝国の体制が整う直前、バビロンにおいて熱病で急死。その後、帝国は3つの王国に分裂してしまった。

絶頂期にあった若き王の命を奪ったものは、いったい何だったのか？　死までの数日間に注目してみよう。

死亡した前323年、アレクサンドロスは西アジア全域を制覇し、バビロンで新しい海軍基地の建設を監督するなど、精力的な活動を続けていた。そんな折、新しい基地の竣工《しゅんこう》を祝う一連の祝賀会のあと、バビロンの王宮で高熱に倒れる。連日連夜の酒宴で深酒をし、体力もかなり落ちていたのだろう。熱はどんどん上がり、3日目には起き上がれなくなり、10日後には力尽きて死去。あと一月で33歳になるという若さだった。

華やかな祝宴、原因不明の高熱、発熱から数日での死去……。若い王の死までの経緯を知れば、やはり他殺を疑わざるを得ないが、ギリシアの伝記作家プルタルコスによると、当初は自然死に疑いを持つ者は誰一人いなかったようだ。しかし、数年後に毒殺説が囁かれ始める。過去に、若手将校らが王のワインに毒を盛るという暗殺未遂事件も起きており、2度目の暗殺計画が企てられたとしても不思議はなかった。現に、王は飲酒のあとに体調を崩している。

専門家によると、死の直前の症状は、効き目の遅い毒物によるものにも似ているし、アルコール中毒による肝機能不全の症状にも似ているという。どちらにしても晩年の王は酒量がかなり増えており、アルコールで体が蝕まれていた。

もし毒殺であれば、その犯人は誰なのか？　部下の息子ではないか、あるいは王の家庭教師だった哲学者アリストテレスが毒殺にからんでいるのではないか、など諸説あるが、もちろん真相は不明。ただし、晩年の王と側近連中との間に確執があったことは事実である。

たとえば、インドのインダス河畔に達したのち、さらに東進しようとする王に対し、部下の将兵がそれを拒否したというエピソードも伝えられているし、王の命を不服とする兵士がストライキを起こしたこともあった。王が自らを神格化したこと、人種融合のためにペルシアの習慣に従い、部下にそれを強要したことも反感を買った。この頃、アレクサンドロスは、ペルシア式の服装や儀式を積極的に取り入れ、東洋趣味に偏った生活を好んでいたのである。

「王様はいったい何を考えているのか」「もうついていけない……」

理解に苦しむ部下たちの我慢も限界に達していたのだろう。

暴君ぶりも目にあまるものがあった。怒りを自制できず、相手の頭を壁に打ち付けるなどの行為も珍しくなかったというから、毒殺というシナリオを考える人間は複数いたかもしれない。

頂点を極めた青年王の胸のうちは計り知れないが、暴君ぶりがエスカレートした背景には、想像を絶する不安と孤独との戦いがあったことも想像される。

実は、バビロンに到着する前、王は占星術師らの一行と出会い、次のような勧告を受けている。

「この時期にバビロンに入ると破滅を招くらしいから、これ以上は西に進んではいけない……」

この勧告に王は動揺を隠せず、結局、酒の勢いを借りてバビロンに入ることを決意した。しかし、不吉な予感は的中。

死因については、毒殺や肝機能不全の他に、戦いの際に受けた傷が原因の胸膜炎説、アルコールの乱用が引き金になり発疹チフスが悪化したという説、マラリア説、また複合的な原因により免疫不全に陥っていたという説などあり、古代史家の間で議論が繰り返されているが、結論は出そうに無い。

ところで、もう一つの謎として、アレクサンドロスの同性愛説も取り沙汰されている。王は女性をまったく敬遠していたわけではなく、妻も愛人もいたが、女性関係に強い執着を見せたという証拠も見当たらない。ところが、最も親しかった幼なじみのヘファイスティオンが亡くなったときの王の悲しみようは尋常ではなく、昼夜亡骸に取りすがって悲嘆に暮れ、自分の髪を切り、親友の命を救えなかった医師をはりつけにしたという。このことからも、アレクサンドロスが親密な感情を抱いたのは、女性より男性だったと考えるのが自然ではないだろうか。ヘファイスティオンとアレクサンドロスの同性愛関係を裏付ける史料は見当たらないが、友情を超えた深い絆で結ばれていたことは十分に推測できる。

王の人柄についても謎が多く、高貴な精神の持ち主だったという説がある一方、凶悪で冷酷な征服者だったという説もあり、両極端である。

プルタルコスの記述によると、アレクサンドロスは「仲間としては非常に楽しく、ふるまいは当時の王子の中でも群を抜いて魅力にあふれていたが、酒が入ると不快なほど尊大になったりした」という。

真の姿はなかなか見えにくいが、酒飲みの青年王は、結局最期まで酒にたたられていたのかもしれない。

チャイコフスキー（1840～1893）
ロシアの大作曲家の封印された死

チャイコフスキー博物館の館員をしているアレクサンドラ・オルロワは、近日開催される「チャイコフスキー生誕100周年イベント」の準備のため、改めて彼に関する資料の数々に目を通していた。その過程で、ふと疑問を感じた。

「死因はコレラとなっているが、これはおかしいのではないか？」

チャイコフスキーの伝記によると、その最期は次のように記されている。

『1893年11月1日、アレクサンドル劇場で芝居を観た後、レストランに立ち寄り、「ネヴァ川の水をくれ」とおかしな注文をした。店側としてはその頃、コレラが流行っていたことを理由に、「ミネラルウォーターしか出せない」と応じると、チャイコフスキーは興奮して怒り出した。仕方なくネヴァ川の水を汲んできて差し出すと、それを一気に飲み干し、翌日の午前中にはコレラを発病。しかし、どういうわけか医者を呼ぶことを拒む。

夕方になって弟のモデストが医者を連れてきたときには、既にお手上げの状態。本人も「放っておいてください。私の病気は治りませんから」とつぶやき、11月6日に死亡した。最後の言葉は「呪われ者」というものだった。臨終に立ち会ったのは弟モデストはじめ16人であった。彼の代表曲となった交響曲第六番『悲愴』が初演されたわずか9日後のことだった……』

オルロワは、こうした記述に疑問を感じたのである。

コレラに感染して5日目にして死ぬというのは、あまりに早すぎる。それに臨終に立ち会ったのが16人というのは、あまりに多すぎはしないか。

なにしろコレラというのは、恐ろしい伝染病である。市当局が患者を隔離し、寝具を焼却し、家は立入禁止になるのが普通。さらにいえば、チャイコフスキーの時代にはコレラ患者の遺体は鉛の柩に収められたほどなのに16人もの人間が看取った上、顔や手に別れのキスまでしたと記されている。しかも、彼らがコレラを発病したという記録はない。

オルロワから疑問を打ち明けられた友人が、サザンプトン大学の臨床病理学の権威であるライト教授に相談すると、教授もコレラ説を否定。残されたデスマスクの穏やかな表情からしても、コレラとは考えられないという。だとすれば、チャイコフスキーの死因は何だったのか？

疑問を解くためには、この偉大な作曲家の生い立ちと女性関係をたどらなくてはならない。

チャイコフスキーは１８４０年の生まれ。6歳でドイツ語とフランス語を解し、7歳でピアノを始めている。その後、法律学校に進んだものの、音楽の夢を捨てきれず、１８６2年にペテルブルグ音楽院に入学。卒業したものの作曲一本で食べていくことはできず、音楽院で教師のアルバイトをしながら糊口《ここう》をしのいだ。

そんな生活と決別できたのは、フォン・メック夫人という音楽好きの非常に美しい未亡人から援助の申し出があったからだ。１８７6年のことだった。メック夫人の援助は、チャイコフスキーの教え子の一人であるコチュークの仲立ちによって実現したものだった。

裕福な未亡人は、年間６０００ルーブルの援助を約束した。

スポンサーと若き音楽家。この二人の関係は、とても風変わりなものだった。その後14年と数カ月の間に１２００通あまりの手紙のやり取りをしているのだが、決して顔を合わそうとせずたまに演奏会で顔を合わせる機会があっても、会話を交わすことはなかったという。この不可思議な関係は、１８９０年に「経済的危機につき、援助をやめます」という手紙によって終止符が打たれたとされるが、夫人には精神的疾患があったとも伝えられている。

フォン・メック夫人とは、最初から最後まであくまでもプラトニックな関係。チャイコフスキーの結婚は37歳のときだった。相手は教え子のアントニーナ・ミリューコワ。積極的だったのは彼女の方。強引に押し切られるかたちで一緒になったが、結婚してみるとヒステリックで派手好きな女性であることがわかった。彼女との結婚生活に嫌気がさしたチャイコフスキーは、モスクワ川に飛び込むという自殺未遂騒動を起こしている。

見るに見かねた友人たちが別居に手を貸し、彼女との新婚生活は数週間で事実上のピリオドを打っている。しかしアントニーナは離婚に同意せず、それどころか入籍したままの状態で次々に男を作り、３人の私生児を産んでいる。つまり最後までチャイコフスキーにまとわりついたわけだ。

このあたりまでは伝記に記されている通説だが、オルロワがこだわったのは、代表曲『悲愴』の初演から死に至るまでの９日間のチャイコフスキーの足取りである。そして調査の結果、あるショッキングな事実をつかんだのだった。

なんとチャイコフスキーは同性愛者だったのである。彼はこの事実をひた隠しにし、周りの人々の目を欺いた。アントニーナと結婚してみせたのも、実は自分の性癖を隠すためである。そう考えれば、フォン・メック夫人との不思議な関係も納得がいく。しかしひょんなことから秘密がばれて、それがチャイコフスキーを死に導くことになる。

チャイコフスキーには何人かの男の恋人がいたが、その中にある侯爵の甥が含まれていた。その二人の仲が侯爵の知るところとなってしまったため、騒ぎが起きてしまったのだ　ロシア正教のもとでは、同性愛は神を冒涜《ぼうとく》する行為とされている。激怒した侯爵は、当時の皇帝アレクサンドル3世に宛てて、チャイコフスキーを告訴する手紙を書いた。

訴状を受けとったのは、音楽学院時代のチャイコフスキーの同級生で、立法府の副検事総長をつとめていたニコライ・ヤコビという男だった。告訴が皇帝に受理されると、チャイコフスキーは市民権を剥奪され、シベリア送りとなる。ニコライとしては、同級生であるチャイコフスキーをシベリア送りにするのはしのびない。それになによりチャイコフスキーの名声が地に堕ちてしまうのがしのびないと感じた。

そこで、チャイコフスキーと学校時代の仲間8人を自宅に呼び寄せ、秘密の裁判を開いた。この席上で出された結論は、

「ロシアの偉大な作曲家としての名声とプライドを守るには、自殺すべし」

というものだった。自殺を強要されたチャイコフスキーは、真っ青な顔をして、副検事総長の家から飛び出したのだという。

そして運命の日である11月1日。メンバーの一人であったアウグスト・ゲルケ弁護士がチャイコフスキー宅を訪れ、毒薬を手渡した。この毒薬はヒ素ではなかったかと推測されている。ヒ素を服用すると、コレラとよく似た症状を示すからだ。

こうしてロシアの巨匠は急逝。同性愛だったという事実も闇に葬られた。

その後、オルロワはロシアを離れることになり、もう一度関係資料に目を通すべく博物館を訪れると、チャイコフスキーに関する資料のほとんどが厳重に管理され、二度と手を触れることが出来なかったという。ここまで国家ぐるみで隠蔽するのは、ロシアの巨匠のイメージを守るためなのだろうか。オルロワの主張するように、自殺なのか、それともやはり病死なのかは、今も定かではなく、オルロワ説に異を唱える研究者がいることも事実。いずれにしても、チャイコフスキーはすべてを知っていたはず。

交響曲第六番『悲愴』は、文字通り悲愴感あふれる名曲である。その初演の日、チャイコフスキーはどんな心持ちでいたのだろうか。

リンカーン（1809〜1865）
暗殺事件の本当の黒幕は誰か

1865年4月14日の朝。ミネソタ州のセントジョセフ村の住人たちがざわついていた。

「大統領が暗殺されたんだって！」

「ピストルで撃たれたそうだ」

後で考えると、これは何とも不気味な会話だった。というのも、実際に事件が起きたのはこの日の夜。つまり、村人の間に訃報《ふほう》が飛び交った14時間も後のことだったのだ。

おかしな話はまだある。

ニューイングランドのある町では、暗殺の一昼夜も前に大統領死亡説が広まり、ニューヨーク州で発行される『ホイッグプレス』という新聞では、朝刊に暗殺の記事が掲載されていた。アメリカの少なくとも3カ所で、事前に大統領暗殺が話題になったというが、いったいどういうことなのか。

実は事件の直前、リンカーン大統領本人も側近にこんな質問をしていた。

「私に関する暗殺の噂を聞かないかね」

さらにいえば、リンカーンの息子、ロバート・トッド・リンカーンは、事件後に父からの手紙を燃やしたのち、次のようにコメントしている。

「その名前を明かすことはできませんが、手紙は暗殺に関与した人物に関するもの。その人物は父の内閣の閣僚の一人でした」

そして、1865年4月14日の夜10時過ぎ、事件は起きた。

ワシントンのフォード劇場2階の桟敷席で『アメリカのいとこ』という喜劇を観劇中、第16代米国大統領エイブラハム・リンカーンを一発の銃弾が撃ち抜いたのだ。

この日は南北戦争で南軍を降服させたグラント将軍が凱旋した記念すべき日。そこで大統領は当初、グラント将軍夫妻を誘って、グローバルという名の劇場に出掛ける予定だった。ところが夕方になってグラント将軍のもとに一通の手紙が届き、それを読んだ将軍は予定をキャンセルしてニュージャージー州に住む子供の元へ旅立ったのである。

そこでリンカーンは旧知のヘンリー・ラスボーン少佐を誘い、どういうわけかグローバル劇場をキャンセルしてフォード劇場に出向き、悲劇に遭遇した。

現場にいたのはリンカーン夫妻とラスボーン少佐、そのフィアンセのクララ・ハリスの4人。さらに事件から27年もたって、現場には大統領の従者、チャールズ・フォーブスがいたことが判明している。

ボディガード役のジョン・パーカーという警官は、飲んだくれとして有名な男だった。この日も桟敷席の外で見張りをすることになっていたが、数分で持ち場を離れ、隣のバーで酒を飲んでいたのだという。ボディガードと呼ぶにはあまりにお粗末すぎる行動である。この素行の悪い男をボディガードに選んだのは大統領夫人だったことから、夫人はのちに暗殺の疑いをかけられるはめになる。

犯人として逮捕されたのはジョン・ウィルクス・ブース。売れない俳優だった。狂信的な南部独立派の一員で、南軍敗北以来、リンカーンを生涯の敵とばかりに付け狙っていたらしい。ブースはボディガードのいない2階桟敷席にいとも簡単に侵入し、1メートル20センチの至近距離から拳銃を撃った。弾丸は大統領の左耳の後ろに命中。これが致命傷となった。

ラスボーン少佐がブースに飛び掛かったが、ナイフで腕を切られ、振り払われてしまう。

暗殺者ブースは「南部の復讐だ」という捨てぜりふを残し、2階の桟敷席から飛び降り、戸口に用意していた馬で逃走したのだという。

大統領は意識不明のまま、翌日午前7時22分に息を引き取った。

この事件を捜査したのはスタントン陸軍長官だが、初めからまるで故意に捜査を攪乱させるような態度だった。まず、多数の目撃情報があったのに、ブースを犯人として特定するのに5時間もかかっている。その上、別の男の写真を配付するという失態を犯している。さらにブースが南部のリッチモンド方向に逃げることは分かりきっているのに、どういうわけか北部の監視体制を強化している。

ようやく決着がつくのは暗殺から12日後。ガレット牧場の納屋に隠れているブースと仲間のハロルドは、コンガー中佐とベイカー中尉が率いる約30名の捜査隊に取り囲まれた。そして、隊を指揮するコンガー中佐によって、ブースは射殺され、相棒のハロルドは逮捕されている。

このとき、ブースの死体を見せられたハロルドは、

「こんな奴は知らない。こいつはブースじゃない！」

そう叫んだという話が残っている。

ブースの遺体はワシントンに運ばれ、砲艦モントーク号の甲板に毛布に包まれて置

かれていたが、コンガー中佐とベイカー中尉がボートで乗り付け、遺体をどこかに運んで埋めたのだという。それを命令したのは、リンカーン暗殺の捜査責任者であるスタントン陸軍長官だった。

射殺されたとき、ブースは日記帳を所持していたとされるが、スタントン長官はその存在を法廷で否定している。あとになって「やはりあった」と証言をくつがえしたが、事件の2年後に法廷に提出された日記帳は、暗殺に関する24ページ分がきれいに破り取られていたという。

結局、暗殺事件に連座した9人の共犯者たちは軍事法定で裁かれ、4人が絞首刑、3人が終身刑となった。

不思議なことはまだまだ続く。

その後、事件の関係者が次々と不幸に襲われるのだ。リンカーン夫人は発狂し、二度と正気には戻らなかったし、ラスボーン少佐はクララと結婚し、子供が産まれたものの、一家心中をはかって失敗。一生を精神病院で過ごしている。そしてスタントン長官は、議会で猛烈な反撃を受けて追放の憂き目に合い、後に自殺したとされている。

なおアメリカでは、暗殺事件後、「自分がブースである」と名乗る男が少なくとも40人は現れたという。

エリザベス1世（1533〜1603）
殺人事件に巻き込まれた「処女王」の秘密

「私は国家と結婚します」

有名な言葉を残し、一生独身を通したのがイギリス女王、エリザベス1世だ。

1558年、25歳のときに女王の座に就き、以降45年間に渡ってイギリスに君臨。未婚のまま生涯を終えたため、「ザ・バージン・クイーン（処女王）」とも呼ばれている。

しかし、女王を処女だと信じているイギリス国民は一人もいないはず。実は彼女、結婚こそしていないが、恋多き女だったのだ。

25歳で即位すると、周囲はさっそく世継ぎの心配をした。早く結婚して子供を産んでもらわないと、誉れ有る大英帝国の伝統が途絶えてしまう。国家的問題だとして、イギリス議会も「早く結婚して欲しい」と女王を急かせた。

国外からも数多くの縁談が持ち込まれている。なんといっても、魅力的なイギリス王家の血筋。スペインのフェリペ2世、フランスのアンジュー公フランソワ、さらにはローマ皇帝からも結婚話がもたらされ、エリザベスは文字通り引く手あまたの状態だった。

しかしエリザベスは、結婚話をはぐらかすばかりで、返事をしようとしない。どうしてなのか？　エリザベスはなぜ結婚しようとしないのか？

イギリス国内にはさまざまな憶測が乱れ飛んだ。

エリザベスは結婚生活に耐えうる身体ではなかったとする説がある。実はエリザベス自ら、「私には肉体的欠陥がある」と口にしたこともあり、父親であるヘンリー8世の梅毒が遺伝していたという風説だ。しかしエリザベスの懐刀的存在だったバーリー卿ウイリアム・セシルなどは、「女王はまったく健康体で、結婚にはなんら障害はない」と証言しているのも事実である。

エリザベスは、自分が外国の国王と結婚することにより、国策の道具として扱われるのを何より嫌ったという説がある一方、逆に、女王自ら考える国策によって結婚しなかったとする説もある。

というのも、当時のイギリスにとって脅威だったのは、大国スペインとフランスの同盟である。両国が手を結んで対峙《たいじ》されたのでは、イギリスはひとたまりもない。そこで、自分との結婚をエサに両国を向き合った状態にさせておくのがベスト。もしそれが事実だとしたら、列強君主を翻弄したわけだから、大した政治的手腕だと言わねばならない。

今となっては真偽のほどは確かめようもないが、はっきりしているのは彼女も一人の年頃の女性だったということ。

いわゆる〝面食い〟だったらしく、臣下には美形の男性ばかり揃えていたというのは有名な話である。さらにウォルター・ローリー、エセックス伯、宰相のハットンをはじめ数多くの男性と浮名を流している。中でもエリザベスが最も寵愛したとされるのが、レスター伯ロバート・ダドリー。そして、ロバート・ダドリーと恋愛関係に陥ったことにより彼女は殺人事件に巻き込まれることになる。

ダドリーは、イギリスの名門の出で、エリザベスとは年齢も近く幼なじみだった。色の浅黒い長身の美男子。主馬頭という地位に就き、宮廷内に居住。主馬頭をつとめた後は、ガーター勲爵士、枢密院メンバーという具合にトントン拍子に出世したエリートでもある。

冷静沈着で知られるエリザベスだが、ことダドリーに関しては、まるで小娘のように舞い上がってしまったというから、相当に魅力あふれる男性だったのだろう。ただし、ダドリーにはエイミー・ロブサートという妻がいた。それが障害となって、エリザベスの恋愛感情も意のままにはならなかったのである。

しかし、「二人はいつか一緒になるに違いない」というのが国民の総意。そればかりか、エリザベスがダドリーの子供を身ごもった、あるいは出産したという噂まで飛び交った。

そんな状況下にあった1560年9月、ダドリーの妻エイミーの死体が、オックスフォードシャーにある自宅の階段の下で発見されたのである。遺体を発見したのは侍女たち。階段から落下したらしく、首の骨が折れていたという。実はこのとき、ダドリーの行動に不審な点があった。妻の死を知っても自宅に駆けつけないどころか、葬儀にも出席しなかったのである。

警察は事故として処理したが、エリザベスとダドリーの仲を知るイギリス国民は、この事故を英国王室のスキャンダルとしてとらえた。

「ついにダドリーが女房を殺したらしいぞ」

「いや、人を雇って階段から突き落としたらしい」

「やはり二人は結婚するんだろうな……」

噂は噂を呼んで、エイミー自殺説、毒殺説まで飛び交った。

エイミーは毒殺をとても恐れていたらしく、メイドが「神よ、私を絶望からお救いください」と祈る声を聞いたという話も伝わり、毒殺説も俄かに信憑性を帯びてきた。

そして、このスキャンダルは海を越えた。たとえば国王との結婚話を進めるため、エリザベスの身辺調査をしていたスペイン大使は、国王にこんな報告をしている。

「エリザベスとダドリーはエイミーの殺害を計画していた。エイミーが死ぬ4日前、狩りから帰ってきた女王は私に対し、ダドリーの妻が死んだとか、死にかけていると耳打ちし、他言はぜったいしないようにと口止めした」

いずれにしろ、妻の死後、ダドリーは晴れて独り身となった。二人の結婚に障害はなくなったわけだが、結婚話は一向に進展しない。事件後もエリザベスの気持ちはダドリーから離れず、むしろ二人の心は接近したかに思われたが、いざ結婚となるとエリザベスは優柔不断を決め込んでしまうのだ。

エリザベスの本当の心中は誰にも分からない。妻を殺した男と結婚する気にはなれないと考えたのかもしれないし、彼女が共犯者だとしたら、良心の呵責《かしゃく》を感じたのかもしれない。あるいは、皆が世間の常識にとらわれすぎただけで、彼女はもとより結婚という形式にはこだわらなかったとも考えられる。となれば、エイミーの死因はやはり不慮の事故ということか……。

事の成り行きに、国民は首をかしげるばかりだった。王室スキャンダルは、今も昔も国民の格好の話題なのである。

第五章

「痕跡」が語る英雄の謎と暗号

エジソン（1847〜1931）

「霊界通信機」への関心を示す「証拠」

今はなきソ連とアメリカの冷戦時代、CIAが予算を投じた秘密プロジェクトがあった。暗号名は「スター・ゲイト」。超能力者たちの力を借りて貴重な軍事情報を得ようという試みだった。

ある日、4、5人のスター・ゲイトのメンバーが集って意識を集中させ、遠隔透視を行なっていた。すると、不思議な現象が起こった。コンセントの入っていないテレビの画面がぱっと明るくなり、ある人物の笑い顔が現れたのである。

その人物とは、すでにこの世を去っていたトーマス・エジソン。白熱電球や電話機などの発明で知られる有名な「発明王」である。「まさか……！」、超能力者たちもさすがに驚き、この出来事は一部始終が記録されて、超能力研究者の間で話題になったという。

それにしても、なぜエジソンが？

超常現象とエジソンというと、一見不思議な繋がりに思えるが、実はエジソンは超能力やオカルトに長く関心を寄せ、晩年は研究にも意欲的だったという。しかも、「霊界通信機」なる機械の発明に没頭していたというのだ。霊界とはつまり「あの世」のこと。エジソンは本気であの世との交信は可能だと信じていたというのだが……。

それが真実だった証拠として、いくつかの記録が残されている。

たとえば、『サイエンティフィック・アメリカン』誌の1920年10月号。このインタビュー記事の中で、エジソンは次のような内容のコメントを寄せて人々を驚かせた。

「死後も個性が続くなら、死者が後世の人たちと交信したいと考えるのは当然だろう。もし我々以外の生命体や別の宇宙からのメッセージが送られているなら、それを受け取るため、占い師や霊媒師以外にもっと科学的な受信装置が考案できるし、こちらの意思を通信できる装置も可能だろう……」

なるほど、エジソンはこのように考え、科学的な視点から霊界通信機の研究を試みたというわけだ。

具体的には霊界から送られてくる微弱な振動を、ゲルマニウムとコイルで製作した高感度真空管を利用してキャッチしようと考えた。人間の体には数兆個の知性の電子が宿り、その知性の電子集団は死後肉体を飛び出して「記憶」となる。ならば、人間の意識から出るエネルギーを拡大すれば霊界との通信は可能ではないか、というのである。こうした持論にたどりつくまでには、科学、数学、哲学、物理学、オカルトまで、あらゆる学問をし、「宇宙は無数の意識のかたまり、精神エネルギーで構成されている」という哲学者・数学者のライプニッツの思想などにも影響を受けていたようだ。

では、エジソンはいつ頃から霊界通信や超能力の研究に本気で取り組むようになったのだろうか？

正確にはわかっていないが、友人などの証言から、第一次世界大戦後の1920年代に入ってからではないかと言われている。年齢でいえば、70歳を過ぎていたはずだが、彼の場合、未知の世界への好奇心が尽きることは無かった。一度追究し始めたら、納得いくまでとことん追いかけ、何度でも試してみるのがエジソンのやり方である。

風変わりな研究にも手を染めたこの発明王の経歴を見ていくと、幼少の頃よりかなりユニークな人物だったことがわかる。

アメリカのオハイオ州生まれのトーマス・アルヴァ・エジソンは、授業についていけないので先生からサジを投げられ、小学校を6カ月で退学。卵を自分で温めてかえそうと試みたりして、同級生にからかわれたこともあった。それだけ他の子供たちと異なる視点を持っていたわけで、退学後は母親に勉強を教わりながら、思いついたアイデアをあれこれ試していたようだ。10歳のときには専用の実験室を作ってもらい、12歳で『ザ・ウィークリー・ヘラルド』と名づけた新聞を自分で編集し、車内販売もしている。

16歳で家を出ると、通信士としてアメリカやカナダを渡り歩くようになるが、その一方で発明も続け、初めての発明で特許申請したのは21歳。このときの発明品『投票記録機』は不採用だったが、翌年『株価表示機ティッカー』が採用され、この特許が4万ドルで売れた。こうして23歳の若さで発明家としての名声を確立したのである。

その後は蓄音機、白熱電球、電話機をはじめ、電報、タイプライター、発電機、映画撮影用のカメラとフィルム、採掘機械、アルカリ蓄電池、セメントなどを次々世に送り出す。84年の生涯で、何と1093もの特許を取得。現在の私たちの生活に必要不可欠なモノの多くはエジソンの頭の中から生み出されたものだ。

研究所の地名にちなんで「メロンパークの魔術師」「発明界のナポレオン」などと呼ばれたエジソンの頭脳は、食事中も雑談中も、寝ている時間さえフルに回転し、カラー写真、コピー機やファクシミリ、飛行機や宇宙船、果ては脳内を観察できる顕微鏡や音楽に香りや色をつける手法などの青写真も描いていたらしい。

そして、晩年たどりついた研究が霊界通信だった。

もともと愛読書はオカルト関係やSF小説だったというから、超次元、異次元の世界にかなり前から惹かれていたのだろう。1920年代に入ると、バート・リーズというポーランド生まれの透視能力者や、ジョセフ・ダニンジャーという読心術者ら、数人の超能力者と親しく交流するようになり、不思議な世界を実際に垣間見るようになる。

リーズとは、一緒に透視実験も試みている。紙に書いた内容をリーズに透視してもらい、それが見事的中したため、エジソンは度肝を抜かれた。来世の存在や魂の不滅ということは以前から信じていたが、こうした体験によって、さらに確信を深めたに違いない。

そして、霊界通信機の作成に向けて実験は開始された。実験台にされたのは、3人の研究員。実験方法は命がけともいえるような内容で、3名の頭から出る電波を受信するため、コイルでグルグル巻きにしたとか。

晩年はこの研究に多くの時間を費やしたが、「この世」の人生にはやはり限りがあったようだ。

1931年10月18日、午前3時24分、膨大なメモとファイルを残したまま、エジソンは息を引き取った。ちょうど同じ時刻に、3人の助手の腕時計が止まり、実験室の大時計も突然停止したという。

結局、霊界通信機は完成をみなかったが、霊界に旅立つ瞬間、エジソンはちょっとした悪戯で見えない力の存在を証明してみせたようである。

冒頭で述べた不思議現象、つまりコンセントの入っていないテレビ画面にエジソンの笑顔が現れたという現象も、あの世との交信が可能なのだというエジソンの魂のメッセージなのだろうか? 真相は謎である。

ダーウィン(1809〜1882)
『種の起源』盗作説がいまだ消えない理由

チャールズ・ダーウィンといえば、『種の起源』で独自の進化論を提唱したイギリス屈指の博物学者として知られている。1859年に出版された『種の起源』の中で、ダーウィンは「生物は長い時間をかけて進化する」という自然淘汰による進化論を唱え、世間をあっと驚かせた。それまで、キリスト教社会で絶対的に信じられていたのは聖書に記された「天地創造説」。つまり、「地球上のあらゆるものは神の創造によるものであり、種は普遍である」という考えだった。この説を自然淘汰説が根本から覆したとなれば、それは神の否定にも等しい。いかに衝撃的な一冊であったかがわかるだろう。

ところが、この『種の起源』は〝盗作〟ではないかという謎があり、これまで研究者らの論争の対象となってきた。盗作説を主張する側の言い分はこうだ。

「ダーウィンはウォレスの論文を盗んだ」

「最初に自然淘汰の進化論を唱えたのは、ダーウィンではなくウォレスの方だ！」

このように、進化論には常にウォレスという学者の影がつきまとっている。

盗作ミステリーの始まりはこうだ。

1858年6月のある日、イギリス・ケント州ダウン村にあったダーウィンの自宅に一通の封筒が届けられた。差出人はアルフレッド・ラッセル・ウォレス。オランダ領東インド・モルッカ諸島の一つ、テルナテ島から投函されていた。さっそく封を開けてみると、中には論文と短い手紙が入っており、目を通した途端にダーウィンは青ざめて卒倒しそうになった。そこには、自分が発表しようとしていた進化論と非常によく似た内容が記されていたからだ。

それまで、ダーウィンとウォレスは別々の人生を歩み、面識もないまま生物の進化について独自の研究を重ねてきた。しかし、偶然にもその研究内容が酷似していたのだ。

まずは、それまでのダーウィンの経歴からみていくと、父は内科医、母は有名な陶芸家ウェッジウッドの娘というイギリスの裕福な家庭に育ち、神学を学ぶためにケンブリッジ大学に進む。しかし、ヘンズロー教授の植物学の講義に感動し、博物学に転向。卒業後の1831年、22歳でイギリス海軍の調査船ビーグル号で世界一周の旅に出た。航海期間は5年。その間、ダーウィンは南アメリカ海岸沖のガラパゴス諸島の動物たちに興味を持つ。「動物や鳥が島ごとに少しずつ違うのはなぜか？」「トカゲや亀がよく似ているのに少しずつ違うわけは？」……。生物たちの不思議を目の当たりにして、種に関するノートを書き溜め、各地で収集した動植物や地質学関係の標本を恩師ヘンズロー教授に送り続けた。

1839年には『ビーグル号航海記』を出版。その後も数々の論文を執筆し、昆虫学会、英国学士院、権威あるリンネ学会などにも属して、博物学者として一目置かれる存在になっていく。

一方のウォレスは1823年生まれで、ダーウィンより14歳年下である。彼の家は経済的に困窮し、何とかグラマースクールを出ると14歳で自活を始める。21歳で教師になるが、昆虫マニアのヘンリー・ベーツと知り合い、昆虫（特に甲虫）の研究に転向。教師を辞め、1847年にはベーツと共にアマゾン探検に乗り出す。

ウォレスは甲虫の種や変種はどうして生まれたのかという疑問を早くから抱き、独学で博物学を学んでいた。その答えを求めて自然界の事実を収集し、これを整理して自然界の法則と秩序を明らかにしたいと考えていたのだ。南米から帰国後には、マレー諸島に出発し、1855年には『アナルズ・アンド・マガジン・オブ・ナチュラル・ヒストリー』誌9月号に「新種の導入を調節してきた法則について」という最初の論文を発表。

この論文を読んで驚愕したのが地質学の権威だったライエル。翌年、ライエルはすでに親交のあったダーウィン宅を訪問し、「先を越されるぞ!」と発破をかけたといわれる。

長老の一言にダーウィンは慌てた。その証拠に、彼の家にはウォレスの論文が掲載されたアナルズ誌が残されており、「これは事実か」という書き込みがあったことが認められている。強力なライバルの登場でお尻に火がついたのだろう。20年間放っておいた種についての原稿の執筆を再開している。「先を越されてなるものか」という心境だったのだろう。

そんな事情などまるで知らないウォレスは、尊敬するダーウィンに接近を試みる。手紙を書き、自分の論文の感想を求めたのだ。

初めに手紙をもらったとき、ダーウィンは「手紙では説明できない」とお茶を濁していたが、その3年後に、前述した〝運命の日〟は訪れる。

再びウォレスの論文と手紙が届けられたた1858年6月×日。ダーウィンが読んで卒倒しそうになった論文は「変種が元のタイプから無限に遠ざかる傾向について」というもので、通称『テルナテ論文』。種の由来と分岐が変異と自然淘汰から説明され、その内容は現在「ダーウィンの進化論」と名づけられている理論そのものだった。

では、いったいどのような経緯で進化論はダーウィンのものになったのか？

まず、ダーウィンに宛てたウォレスの手紙には「論文に目を通して価値があると思ったら、長老のライエルに渡して欲しい」と書かれていた。

通説では、ダーウィンが論文を受け取ったのは6月18日。読み終えるとすぐにその論文をライエルに郵送したとされている。ただし、封筒が残されていないため、日付の確定は難しく、他の日付だと指摘する研究者も少なくない。たとえば『ダーウィンに消された男』の著者アーノルド・C・ブラックマンの説では、論文を受け取ったのは6月3日ということになる。ウォレスが同時に投函した手紙が、6月3日にヨーロッパの友人宅に届けられていたというのがその根拠だ。

では、6月18日説と6月3日説の約2週間のタイムラグはどう説明すればいいのか？

実は、当時のダーウィンの周辺を調べてみると、不可解な点がいくつか見つかる。

まず、ダーウィンはメモ魔で知られ、日記も詳細に残しているが、ウォレスの論文については何も書き残していない。まるで郵便物の到着日時を隠そうとしたかのように、まったく痕跡が見当たらないのだ。

また、6月8日には親友の植物学者フッカー宛に手紙を書き「頭を悩ませていた問題が解けた」と打ち明けている。自伝によると、それは「自然界でどのように生物が分岐していくかの問題」だったと説明されている。つまり、20年近く悩んだその問題が、ウォレスの郵便物の到着と前後してタイミングよく解決したということになる。

そこで、ブラックマンはこんな推理をしている。ウォレスのテルナテ論文には、ダーウィンの研究成果と同等の内容がより明確にまとめられていた。しかし、「進化の問題は人に譲れない自分のテリトリー」だと自負していたダーウィンは、ウォレスに大発見の栄誉を渡すわけにはいかないと考えた。そこで、長老ライエルと親友フッカーを巻き込み、論文を少しだけ調整することにした。

タイミングよく、7月1日にリンネ学会総会が開催。そこで、ダーウィンとウォレスの論文を合わせた共同論文という形でまとめ、提出。学会発表という運びになった。しかも、ライエルとフッカーが手助けをし、ダーウィンの原稿を先に読むよう事務局長に提案していたため、ダーウィンの進化論に関する優先権が守られたというのである。

その後、ダーウィンは自分があたためてきた原稿の内容を素早く書き換え、『種の起源』を発表。ついに進化論はダーウィンのものになったというわけだ。

こうした経緯がすべて本当ならば、ウォレスはダーウィンの影に葬られたことになるが、どうやらウォレスとダーウィンの間に確執はなかったようだ。ウォレスはリンネ学会の議会録とダーウィンの短い手紙で、自分の論文がどう扱われたかを知るが、格式ある学会で取り上げられたことを深く感謝していたという。また、ダーウィン進化論の骨格は1844年頃からまとめられていたことなどから、ダーウィン盗作説については否定的な見解も多い。

ウォレス以外の学者の論文を盗用したという疑いも根強いが、いずれも確証はなし。確かなのは、ダーウィンの十八番とされる自然淘汰説は、彼一人の発見ではなかったということ、複数の学者が、同様の研究に従事していたということだろう。

今、新たな進化論の鍵を握るのは、DNA研究である。ダーウィンが活躍した時代から約150年で、生物研究も飛躍的な進化を遂げた。そのきっかけを作ったのは『種の起源』にほかならない。

ゴッホ（1853〜1890）
「ひまわり」の色に隠されたゴッホの胸の内

ゴッホの残した代表作『ひまわり』の絵は全部で12点。うち5点がパリ時代、7点が後半のアルル時代に描かれている。

彼はなぜひまわりの絵にこだわったのだろうか？　また、『ひまわり』の鮮烈な黄色には、どのような意味があるのだろうか？

もともとひまわりは、愛や忠誠心、信仰心の象徴として、西洋ではよく描かれていたモチーフである。しかしゴッホの激烈な人生を思うと、忠誠心や信仰心とは縁遠い世界にいたような印象を受けるのだが……。

ヴィンセント・ヴァン・ゴッホは、1853年3月30日、オランダ南部のグロート・ズンデルトの生まれ。父親はプロテスタントの牧師だったという。画商見習いや書店員などを経験したのち、伝道師養成所へ進み、ベルギーの炭坑町で伝道生活を送ったこともある。つまり若い頃には、ひまわりが象徴する信仰の世界に身を置いていた時期があったわけだ。

ただし、後年「炎の画家」と呼ばれたエキセントリックな性格はこの頃、既に芽生えを見せていた。何かにつけ思い込みが激しく、事を起こすと我を忘れて没頭する性格が災いし、伝道師の資格を剥奪されてしまった。以降、4歳年下の弟テオの経済的援助を受ける生活を送っていた。

画家を目指したのは27歳のとき。それから約10年の間に2000点を超える作品を描いている。ただしゴッホの絵は存命中は評価されず、不遇の生涯であったといえよう。女性関係にも恵まれなかった。従兄妹で子持ちの未亡人カーテや、やはり子持ちで身重の娼婦シーン、さらには10歳年上のベーヘマンなどと恋を重ねるが、どの恋も成就していない。

絵も売れないし、恋愛にも恵まれない。「いいことなんて何もないよ……」というつぶやきが聞こえてきそうな20代だが、1886年、当時画商をしていた弟のテオを頼ってフランスのパリへ渡ってからは、彼の画風に大きな変化がみられた。テオに紹介を受けたゴーギャン、ピサロ、ドガといった印象派の画家たちに影響を受け、ゴッホのキャンバスには原色に近い明るい色彩がみられるようになったのである。彼が30代前半の頃だ。

そしてこの頃、5点の『ひまわり』を描いている。

1888年、ゴッホはさらなる明るい色を求めたのか、フランス南部のアルル地方へと拠点を移した。

ここでは画家仲間が集まる芸術村の実現を夢見て、ラマルティーヌ広場の「黄色い家」と名づけられた家に部屋を借り、尊敬するゴーギャンを呼び寄せた。

このとき、ゴーギャンを迎え入れる部屋を飾るために7点の『ひまわり』を完成させている。絵を描く前には濃いブラックコーヒーを何杯も飲み、記録によれば「黄色の高い調子に達する」ように気分を盛り上げたのだという。黄色は、ゴッホにとって気分をハイにする非常に高い調子の色合いなのである。

黄色い家で心躍らせながら描いたひまわりは、黄色い背景、黄色い花瓶、と徹底して黄色にこだわり、ひまわりの数は12本か14本という構想だった。

『二時間のゴッホ』の著者である版画家・評論家の西岡文彦氏によると、この「12」という数字はキリストの弟子の数で、ゴッホがアルルに招こうとした画家の数をあらわしているのだという。そして、12にゴーギャン自身と弟のテオを足した数が「14」なのである。

キリストの弟子と画家仲間の数を重ね合わせていたとなれば、やはり彼の血の中には、幼年期から青年期にかけて身を置いた宗教の世界が居すわっていたのではないかと考えたくなる。

しかし、そんな精神世界と実生活の間には大きな歪みがあった。

念願だったゴーギャンとの共同生活はうまく行かず、何かにつけ意見の対立をみた結果、例の「耳切り事件」を起こしている。

ゴッホがゴーギャンを崇拝し、黄色い家への到着を心待ちにしていたことは確かである。しかし、二人は共に芸術家。芸術については互いに譲らない。ゴーギャンにとってゴッホは衝動的で短気すぎたし、アルルはさほど魅力的な場所でもない。口論の末、たまりかねたゴーギャンが「アルルを去る」とほのめかすと、ゴッホは常軌を逸した行動を見せた。

運命の夜、ゴッホは幻覚に襲われ、路上でゴーギャンに切りかかろうとするが、これは失敗。勢いで自分の左耳をカミソリで切り落とし、それをハンカチに包んでからラシェルという馴染みの娼婦に渡したのである。

そして、ゴーギャンは何も言わずにアルルを去っていった。

この耳切り事件に関しては、精神を病んでいたという説、ゴーギャンとうまくいかずに自己嫌悪にかられたという説、幻聴に耐えられずに耳を切り取ったという説、切り落とした耳が男性器の象徴だからだという説、などさまざまな意見があるが、事件の詳細そのものがゴーギャンの回顧録に基づくものであり、どこまでが真実かは不明である。
アルルでのゴーギャンとの共同生活は、わずか数カ月。その後、ゴッホは入退院を繰り返しながら描き続けたが、被害妄想の兆候があらわれ始める。彼の狂気は統合失調症（精神分裂病）などによるという説が有力だが、はっきり解明されていない。結局、病院に強制収容されてアルルを去ることになり、サン・レミの精神病院に自主的に入院。1890年5月には終焉の地オーヴェル・シュル・オワーズへ旅立つ。その2カ月後、ピストル自殺をはかり、テオの腕の中で37歳の生涯を閉じた。

生前に売れた絵はたった一枚だけだったという。

遺書は残されていないが、テオに宛てた手紙に次のような一節がある。

「僕の絵に対して僕は命を賭け、僕の理性はそのために半ば壊れてしまった」

他にも数多くの作品を残しているゴッホだが、命を賭けた対象の一つは、『ひまわり』の黄色であったことは間違いない。

色彩心理学の分野では、色はその人の感情や精神状態だけでなく、不足している要素を暗示すると言われている。黄色は太陽の色。生命の輝きや幸福感、希望の象徴だとされている。だが一方では、敵意を表すという説や、狂気を象徴するという説もある。また親の愛に飢えた子供に絵を描かせると、よく黄色を使いたがるとか。これは、黄色が不安定な精神の救いになるという役割を果たすからだと言われる。

ゴッホも、『ひまわり』の絵の黄色に不安定な精神の救いを求めていたのかもしれない。

ともあれ自殺したゴッホの柩には白い布がかけられ、ひまわりや黄色いダリアなど、黄色い花があふれるほどに飾られたという。心安らぐ黄色に抱かれて、ゴッホは長い眠りについたわけだ。

ゴヤ（1746〜1828）
封印された裸体像のモデルの正体

スペインの首都マドリードにあるプラド美術館。ここには、スペインの三大巨匠ゴヤ、エルグレコ、ベラスケスの作品が多く展示されているが、とりわけ有名な絵画といえば、ゴヤの代表作『裸のマハ』と『着衣のマハ』だろう。

2点の作品は同じサイズで、モデルのポーズもほとんど同じだが、文字通り、一方は裸で、もう一方は薄い着衣を身に付けている。細かく見ていくと、顔色や表情に微妙な違いがみられ、2つを見比べていると想像力は自ずと膨らむ。裸のマハは、着衣のマハは、何を語りかけているのだろう？　ゴヤは何の目的で2枚の絵を描いたのだろうか、と……。

およそ200年前、この妖艶な女性の絵が騒動を巻き起こしたことがあった。

今では、女性の裸を見たければ写真でも絵画でも自由に手に入れられるが、ゴヤが活躍した18世紀後半から19世紀は、少し状況が違っていた。とりわけ、厳粛なカトリック国のスペインでは、宗教画以外で女性の裸を題材にすることは絶対のタブーとされていたのである。そんな時代に、掟破りの裸体画がゴヤによって生み出されたのだから、一大事。訴えられてしまった。

ゴヤ以前にはベラスケスが『鏡を見るビーナス』という裸体画を制作していたが、こちらはキューピットと共に描かれた女神の後ろ姿である。一方、ゴヤの『裸のマハ』は堂々と正面を向いて横たわり、しかも挑発的なポーズでこちらを見ている。スペインの絵画史上初の衝撃だった。

猥褻だとして異端審問にかけられたのは1815年のこと。『裸のマハ』は1800年頃、『着衣のマハ』は1801～1803年頃の制作とされているから、訴えられたのは絵の完成から約14年後という計算になる。

それにしても、ゴヤはなぜ危険を承知で裸の女性を描いたのだろうか？　当時、宮廷画家の第一人者として活躍していたゴヤだが、ヘタをすると地位も名誉も失いかねないほどの冒険である。

実は、絵の依頼主は時の宰相マヌエル・ゴドイで、2枚の絵が発見されたのもゴドイの自邸だった。25歳の若さで宰相となったゴドイは、美術品の収集が趣味で、お抱え画家だったゴヤに「女性の裸体を描いてもらえないだろうか?」と持ち掛けたようだ。そして、ゴヤはこの仕事を引き受けた。

ゴドイ邸で発見されたとき、2枚の絵は並べて掛けられていたのではない。『裸のマハ』をおおい隠すように『着衣のマハ』が壁にはめ込まれ、2枚を交互に入れ替えられるカラクリになっていたという。裸の絵を大っぴらに飾ることもできないから、時々表に出して楽しんでいたのかもしれない。

いずれにしても、ゴドイから依頼されたとき、ゴヤの内面に何かしらの葛藤があったことは十分推測できる。宮廷画家として確固たる地位を確立するまでの苦労は並大抵のものではなかったからだ。

フランシスコ・デ・ゴヤは、スペイン北東部サラゴーサ近郊の寒村フエンデトードスで誕生した。父はメッキ職人だったが、ゴヤは父の跡を継がずに画家を志す。サラゴーサで修行を積み、宮廷画家として活躍していた妻の兄を頼ってマドリードへ飛んだのは29歳のときだった。当時、王侯貴族の間では壁にタペストリーを飾るのが流行しており、ゴヤはまずタペストリーの下絵画家として始動する。やがてその写実的な作風が評判を呼び、王族や貴族らから肖像画の注文が舞い込み始めた。そして1786年、ついに王の御用画家として、また宮廷画家として任命されるまでになる。

しかし、画家として最高の地位を得た先に、最大の試練が待ち受けていた。40代半ばを過ぎたあるとき、ゴヤは突然の高熱に見舞われ、聴力を失ってしまうのである。その逆境にゴヤは見事立ち向かった。実は、彼が画家として本領発揮するのは聴力を失ったあとのこと。音のない静寂の中で次々と代表作を生み出し、『裸のマハ』『着衣のマハ』の2作品をはじめ、『カルロス4世の家族』や『マドリッド、1808年5月31日』なども後半生に描かれたものだ。

その『裸のマハ』が裁きを受けたとき、ゴヤは68歳になっていた。異端審問で、厳しく追及されたのは絵のモデルが誰なのか？　ということ。しかし、ゴヤはこれに答えず、記録もいっさい残していないため、現在まで謎のベールに包まれている。

ちなみに、「マハ」というのは女性の名前ではなく、マホ（伊達男）に対する伊達女、つまり「洒落た女」、「小粋なスペイン娘」といった意味である。18世紀のスペインでは、貴族階級が衰退をみせ、その支配から解放された民衆は新しい風を求めて心躍らせていた。世は時代の転換期。そんな中で、自由な発想で生きるマドリードの下町の伊達男、伊達女たちは、絵画をはじめ芝居や小説の題材としてももてはやされていたのである。

では、ゴヤのモデルとなったマハの候補者とは？　よく名前が挙がるのが当時社交界の花形だったアルバ公爵夫人。ゴヤは、夫を亡くしていたアルバ公爵夫人と親しくなり、スキャンダラスな恋に落ちた。二人の関係は記録からも事実とされ、ゴヤは彼女の肖像画も描いているのだが、その肖像画が実に意味深……。彼女の指にはめられた二つの指輪のうち一つには「アルバ」、もう一つには「ゴヤ」の文字が刻まれている。しかも、彼女の指差す方向の足元には「Solo Goya（ゴヤひとり）」という署名も記されていた。これらは、二人の関係を示唆する暗号にも見える。

ただし、マハのモデルがアルバ侯爵夫人だったのかどうかについては、否定論も多い。雰囲気は似ているものの顔があまり似ていないことや、二人が接点を持った時期と絵の制作時期にズレがあることなどがその理由だ。

もう一人のモデル候補者は宰相ゴドイの愛人ペピータ・トゥドウで、最近ではこちらの説が有力視されている。確かに、絵の注文をしたのはゴドイと言われているし、マハの顔が肖像画に描かれたペピータに似ていることなどから、こちらの説の方が辻褄は合うだろう。

他に、特定のモデルはいなかったという説、実は娼婦をモデルにしていたという説などもあり、決定的な証拠は得られぬままである。

マハの告発騒ぎがあったのちの1819年、ゴヤはマドリード郊外の別荘を購入し、隠棲する。晩年のゴヤはこの隠宅の壁に「黒い絵」と呼ばれる14枚の絵を描きながらひっそりと暮らした。

しっくいの壁に油絵の具で描かれたその壁画は、従来の画風から一転し、グロテスクなおどろおどろしいタッチに変わっていた。たとえば、血に染まった子供の肉体を貪り食うユピテル（ゼウス＝ギリシャ神話の最高神）の父サトゥルヌスを描いた『我が子を食らうサトゥルヌス』、醜悪な表情を浮かべる人々を描いた『魔女の集会』などが代表的で、見る者の背筋を寒くするほどの迫力がある。こうした絵に囲まれて、ゴヤは日常生活を営んでいたわけだ。

謎めいた14枚の絵にゴヤがどんな思いを込めたのかは推測しかできない。ただし、そこに描かれているのは、見るからに闇の世界。黒い絵は、紆余曲折を経てきたゴヤの「心の闇」の表現法だったのかもしれない。

最晩年のゴヤはフランスのボルドーに移住し、そこで82年の生涯を閉じた。最後までマハのモデルについて言及することはなく、彼の胸の内に封印されてしまった。

『裸のマハ』の絵そのものも長いこと封印されていたが、時代と共に評価は変わる。そして、ゴヤの死後73年を経た1901年にようやく封印はとかれた。今、2枚のマハの絵はスペインを代表する名画として親しまれている。

ノストラダムス（1503〜1566）

大予言者の「暗号」はいかに作られたか

あのヒトラーも熟読していたと言われるのがノストラダムスの予言書である。

作者であるミッシェル・ド・ノストラダムスは、今から400年以上も前に、これから世界史上で起こるさまざまな出来事を予言し、全10巻の予言書『諸世紀』は世界中で大ベストセラーとなった。フランス革命、ナポレオンやヒトラーの登場、ケネディ暗殺など、歴史的な出来事を的中させたことはよく知られているが、中でもあまりにも有名なのは、次の予言である。

「1999年7の月／ 空より来るだろう、恐怖の大王が／ アンゴルモアの大王を蘇らせる／前後に火星が幸福に統治する」（第10章72番）

この予言は「人類の滅亡」を警告しているとされ、「恐怖の大王」など四行詩に込められた暗号の解読がさかんに行なわれた。

結局、この問題の「7の月」はなんということはなく過ぎ去ったが、これまで数回のブームを経て、その度ごとにノストラダムスの知名度は上がっていった。ただし、国民のほとんどが知る大予言者であるにもかかわらず、ノストラダムスの素顔についてはあまり知られていない。「どんな人か？」とイメージを問われたら、見るからに魔術師のような謎めいた人物を想像する人もいるだろう。

実像はそのイメージとはかなり異なるようだ。ノストラダムスはペスト撲滅に力を注いだ堅実な医者であり、6人の子を持つマイホームパパだったのである。そして熱心なカトリック信者でもあった。

1503年12月、ノストラダムスはフランス・プロヴァンス地方のサン・レミで誕生。父母は共にユダヤ人で、一家は皆インテリ。ノストラダムスは、医者だった二人の祖父の影響を強く受けながら成長し、子供の頃から頭脳明晰だった。大学では哲学と医学を学び、医者の道を志す。

当時はルネサンスの絶頂期。一方で恐ろしい黒死病（ペスト）が蔓延していた。そこで、若きノストラダムスはペスト患者を救うための医療活動に従事するが、放浪の旅に出ていた時期も長かったようだ。最初の妻と子はペストで失い、2度目の結婚は44歳のとき。その頃、放浪の旅に終止符を打ち、生まれ故郷プロヴァンスで開業医と

予言書「諸世紀」を遺したノストラダムス

して再スタートを切る。次々と三男三女をもうけ、よき家庭人として安定した生活を始めるが、予言者として注目され始めたのもこの時期だ。

最大のきっかけとなったのは、「アルマナック（ALMANACH）＝年鑑」の発行を始めたことだろう。アルマナックとは年の終わりに出る暦のようなもので、簡単に言えば生活に役立つ運勢占いカレンダーのようなもの。基本は占星術で、その年の運勢や天気の長期予報を記してある。現代でいえば、年末によく売れる運勢本、占い本のようなものだ。

では、なぜ医者であるノストラダムスが占星術に精通していたのか？

実は、当時の医者の多くは占星術（アストロロジー）の専門家であり、惑星の位置関係と対比させながら健康状態を診ていたのである。「占星医学」はれっきとした学問であり、ノストラダムスが特別だったわけではない。ただし、彼の場合、祖父を通じて子供の頃から占星術に親しみ、ホロスコープ（占星用天宮図）の扱いも手慣れていた。人気の医者となれば、患者から病気のことに限らず運勢について気軽に相談されることもあったのだろう。良心から、皆に読んでもらえるアルマナックを発行することにしたわけだ。

このアルマナックが「よく当たる！」と大好評。ノストラダムスの予言者としての活動が本格的に始まる。今度は、近未来の予言に留まらず、もっと遠い未来世界に視野を広げようと考える。具体的には、インスピレーションで得た未来像を四行詩（カトラン）に綴るという試みを始めるのである。

ノストラダムスは未来世界をどのような方法で見たのだろうか？

ここで顔を覗かせるのが、占星術の範疇を超えたノストラダムスの特殊な能力である。予知能力や未来の透視力があったのか、どの程度あったかは推測しかできないが、彼は次のような方法で未来の幻像と向かい合ったとされる。

深夜、一人書斎に入って真鍮《しんちゅう》製の三脚の椅子に腰を下ろす。精神統一をはかり忘我の境に入ったところで静寂の中に炎のようなものが現れ、そこに未来の出来事が鮮明に浮かび上がってくる。あるいは、器に張った水の中に浮かんでくる未来の像を見ることもあった。この手法は『諸世紀』の冒頭でも触れてある。

未来を読み取る能力がいつ頃どのように開眼したかは定かではないが、放浪の旅の過程で出会った占星術師らの影響を受けたとも言われている。

ともかく、四行詩は着々と書き溜められ、ついにその集大成『諸世紀』が誕生。初版が出版されたのは1555年のことだった。

この予言書は大反響を読んだが、同時に読者は頭を悩ませた。難解なのである。

アルマナックはじめノストラダムスのそれまでの文章はどれも平易で読み易かった。ところが、四行詩には曖昧な名詞や固有名詞が不規則にちりばめられている。しかも、フランス語の中にラテン語、ギリシア語、スペイン語、イタリア語、ケルト語、プロヴァンス語なども複雑に挿入され、具体的な日付もなし。文法も曖昧。解読しているうちに、迷路にはまってしまう。

たとえば、フランス革命を予言した四行詩は、

「偉大な都市の共和政は／非常に厳しく行なわれ、容認は許されない／王はトランペットで呼び出されて都市を追われ／壁にははしご、都市は悔い改めるだろう」（3章50番）

とある。この場合、「偉大な都市」＝パリ、「王」＝ルイ16世、「壁」＝バスチーユ牢獄、というように暗号を読み解いていくが、出来事が起こる以前に暗号を読み解くのは至難の業であることがわかるだろう。

例外的に日付を限定してある「1999年7の月」の予言については、「恐怖の大王」という暗号が論争の対象になった。

諸説ある中で、これまでにメディアで取り上げられた恐怖の大王候補は探査機カッシーニの墜落、環境破壊、宇宙人の襲来、北朝鮮の核ミサイルなどさまざまあり、い

まだに決定的な解読は出来ていない。

しかし、こうして攪乱させることこそ、ノストラダムスの狙いだった。『予言書』の中の手紙形式の序文には、「人々の未来に確実に起こることを告げるのは宗教上の大きなリスクだし、パニックのもとになるからわざと詩句を曖昧にした」と述べられている。そして、わざと難解な四行詩を綴った。

ノストラダムスは、実は予言の詳細を把握していたが、あえて内容をぼかしたのか、それとも、深夜の儀式で見た未来像そのものが曖昧で、日時や場所などの特定が困難だったのかは、わからない。

晩年、ノストラダムスは「1999年7の月」のことをしきりに心配していたというから、後者の方が正しいのかもしれない。

いずれにせよ、『諸世紀』の予言の的中率の高さは史実が証明している。

ノストラダムスは「……友人、兄弟たちが、ベッドとベンチのかたわらで死んでいる彼を発見するだろう」(『予兆集』141番)と自らの死を予言していた。

1566年7月2日午前3時頃、ノストラダムスは寝室のベッドとベンチのかたわらで冷たくなっていた。それを近親者が発見した。享年62歳。

エヴァ・ペロン（1919〜1952）

死後も美貌を保ち続けるファーストレディの謎

アルゼンチンの首都・ブエノスアイレスにあるレコレタ墓陵には、恐ろしく頑丈に作られた墓がある。柩は地下15フィートの納骨所に収められているのだが、政府の資金で作られたこの墓は、墓荒らしはもちろん、核爆弾が落ちても耐えられるように作られているという。

ここに眠っているのは、かつてアルゼンチンの民衆に「聖エビータ」と呼ばれて親しまれたファーストレディのドナ・マリア・エヴァ・ドゥワルテ・ドゥ・ペロン。その生涯は、かつて『エビータ』のタイトルでブロードウェイでも演じられ、ロングランを記録したこともある。

ミュージカルの題材になるだけあって、その生涯は非常にドラマチックだった。死んだ後でさえも、柩ごと各地を転々とさせられたし、それになにより半世紀以上たった今でも遺体は亡くなったときと変わらぬ美貌を保っているのだという。

アルゼンチンの田舎町の貧しい家で生まれたエビータは、15歳で家出して首都・ブエノスアイレスへ。ここで様々な職業を経験したあと、女優としてB級メロドラマやラジオドラマに出演していた。この頃、国家の副大統領をしていたファン・ドミンゴ・ペロンに出会う。1946年3月28日、「デスカミサドス」と呼ばれる労働者階級の圧倒的な支持を受けたペロンは、大統領に就任。彼と結婚したエビータは、26歳の若さでアルゼンチンのファーストレディとなった。

いわゆる玉の輿に乗ったエビータは、年齢を3歳サバを読み、髪の毛をブルネットからブロンドに変え、人々に美貌をアピール。さらにマスコミを使ってイメージアップ作戦を展開。この作戦が成功し、まるでアイドルのように「デスカミサドス」の熱狂的な支持を得た。

国民的な人気によって、大統領と労働者階級を結ぶ架け橋になっただけでなく、自らも政治の世界に乗り出した。とくに労働者や女性貧困層の救済に力を入れて、1949年には「ペロニスト（ペロン支持者の意）女性党」を設立している。党員は50万人にも達した。さらに「エヴァ・ペロン財団」という慈善団体を立ち上げ、学校、病院、老人ホームなどを各地に設立し、ついに副大統領選に出馬するところにまで上り詰めた。

そこまでは順風満帆だったが、好事魔多し。1950年頃から身体に変調をきたし、子宮ガンで危険な状態にあると診断される。

副大統領選辞退の意思を民衆に伝えるため、エビータが官邸のバルコニーに姿を見せた日、官邸前の広場には150万人ものデスカミサドスが集結した。その国民的な人気のほどがうかがえよう。モルヒネの作用で朦朧としながらもバルコニーで手を振るエビータ。ガリガリにやせ衰え、目はくぼんでいたものの、そんな状態にあってもその美貌は人々を惹き付けた。

その後、子宮摘出手術が行なわれたものの、ガン細胞が全身に転移し、1952年7月26日、33歳の若さで息を引き取った。

会葬者数200万人とも300万人ともいわれる盛大な葬儀のあと、エビータの遺体を入れたヒマラヤ杉の柩は、労働総連盟本部の第63号室に一時的に保管された。この遺体は、その後数奇な運命を辿ることになる。

エビータの死によって最も打ちのめされたのは、もちろん夫のペロン大統領だった。精神的に不安定になったのか、16歳の少女に熱を上げるというロリコン趣味に走ったり、数々のスキャンダルをさらけだし、1955年にクーデターにより失脚。パラグアイに亡命した。取り残されたのは労働総連盟本部に一時保管されたままのエビータの遺体だ。

新大統領になったペドロ・アランブールは、国民的な人気を誇っていたエビータの遺体が反政府勢力のシンボルとなることを恐れた。なにしろエビータの遺体は、死後数年が経過しても、なぜか生前と変わらぬ美しさを保っていたのである。

アランブール新大統領は、その美貌もろともこの世から消し去ってしまうべく、教会に火葬ができないかと打診したが、宗教上の理由で断られてしまう。となれば、遺体を第63号室から盗み出し、民衆の知らない場所に極秘で埋葬するしかない。実際、部下である陸軍情報部長官のクーニグ大佐に命じて、遺体を軍用トラックで第63号室から持ち出した。だが、大統領も一人の人間である。遺体を冒涜することによる祟りを恐れたのか、クーニグ大佐に対して埋葬場所の指示をしたがらない。ただ、「隠しておけ！」と命じるだけであった。

困り果てたクーニグ大佐は、陸軍情報部の倉庫に運び込んだのち、部下のアパートの一室に移したのである。

その後、柩は政府情報部に移されたものの、政府としてはその扱いに困ってしまい、ついには遺体の国外追放を決定した。どんな口実をつけたかは明らかにされていないが、遺体はブラッセル経由でボンに送られ、その後、ローマ経由でミラノに到着。ここでようやく埋葬された。埋葬場所を記したメモを渡されたアランブール大統領は、メモを入れた封筒を弁護士に預け、「自分の死後4週間は封筒を開けず、その後新大統領に渡せ！」と命じた。

1969年、次に新大統領になったのはラヌッスである。エビータの遺体はやはり夫の元に戻るべきだと考えたラヌッスは、さまざまな過程を経て例のメモを入手。遺体は、ミラノのムソッコ墓地に他人名義で埋葬されていることがわかった。

「イタリア生まれの未亡人マリア・マギ・マジストリス」

そのマリアこそが、エビータだった。

その後再び政権交替があり、ペロンが大統領に再選されると、エビータの遺体はようやくブエノスアイレスに戻ることができた。1974年、エビータの長い旅はようやく終わったのだ。

遺体は髪の毛が汚れて湿っており、喉に傷がついていたものの、生前そのままの美しさだったという。死後17年あまりも経過していたのに、なぜ生前の美貌を保つことが出来たのだろうか？　誰しもが感じる疑問のはずだ。

結論を先に言ってしまえば、エビータの遺体にはある細工が施されていたのである。

エビータが死ぬ2週間ほど前、レーニンの防腐処置で知られるスペインの解剖学の権威、ペドロ・アラ博士が大統領官邸を訪れ、エビータの遺体保存を提案した。その方法は、血液を抜いて代わりにグリセリンを注入するというもので、仕上がりの美しさには定評があった。

エビータを溺愛していた大統領は、当然この提案に応じた。死後、労働総連盟本部第63号室に安置された遺体は、かかとと首の下を切開されたあと血液を抜かれ、硝酸カリウムなどの薬品が入った浴槽に漬けられ、ホルマリンや無水アルコールなどが注入された。その後、薄くて丈夫なプラスチックでコーティングして完成。全工程になんと約1年の月日が費やされ、かけられた費用はおよそ10万ドルだという。

柩に収められたエビータの遺体は、足首まである白いチュニックをまとい、十字架を握りしめ、夢見るようにまぶたを閉じているという。そんな姿で、ブエノスアイレスのレコレタ墓陵の地下深く、永遠の眠りについている。

おそらく今も、生前と変わらぬ美貌を保っているはず。人類の手になる科学の力は、自然現象の軌道を変えるのである。

■参考文献

『学校では教えてくれない　世界の偉人の謎』（学習研究社）／『世界史人物事典』（水村光男著／かんき出版）／『伝記・自叙伝の名著・総解説』（自由国民社）／『世にも奇怪な人物』（青木日出夫著／雄鶏社）／『みんなが知りたい！「世界の歴史」がわかる本』（イデア・ビレッジ著／メイツ出版）／『スーパービジュアル版　早わかり世界史』（宮崎正勝著／日本実業出版社）／ＰＨＰ文庫『世界史怖くて不思議なお話』（桐生操著／ＰＨＰ研究所）／ＰＨＰ文庫『世界史・驚きの真相　謎とロマンに溢れる迷宮を行く』（桐生操著／ＰＨＰ研究所）／『ベートーヴェンへの旅』（木之下晃・堀内修著／新潮社）／『ベートーヴェンの遺髪』（ラッセル・マーティン著、高儀進訳／白水社）／『志鳥栄八郎のモーツァルト大全』（志鳥栄八郎著／共同通信社）／『モーツァルト考』（池内紀著／講談社）／『ルイ十七世の謎　フランス革命に消えた王子』（桐生操著／新書館）／『ジャンヌ・ダルク、誰？』（三木宮彦著／フィルムアート社）／『ジャンヌ・ダルク　超異端の聖女』（竹下節子著／講談社）／『ジャンヌ・ダルクの生涯』（藤本ひとみ著／中央公論新社）／『ナポレオン・ミステリー』（倉田保雄著／文藝春秋）／『コロンブス　聖者か、破壊者か』（ミシェル・ルケーヌ著、大貫良夫監修、富樫瓔子・久保実訳／創元社）／『コロンブス　大航海の時代［上巻］』（ズヴィ・ドルネー著／日本放送出版協会）／『マルコ・ポーロは本当に中国へ行ったのか』（フランシス・ウッド著、粟野真紀子訳／草思社）／『東方見聞録』（マルコ・ポーロ著、長澤和俊訳／小学館）／『ラスプーチン　その虚像と実像』（ジェーン・オークリー著、和田廣訳／河出書房新社）／『中国の英傑！　秦の始皇帝』（吉川忠夫著、日本アート・センター編／集英社）／別冊宝島１１７４号『ヒトラーの謎　その闇の全貌に迫る！』（宝島社）／『ノストラダムスの生涯』（竹下節子著／朝日新聞社）／『ネロ　皇帝にして神、芸術家にして道化師』（フィリップ・ファンデンベルク著、平井吉夫訳／河出書房新社）／『クレオパトラ　世界帝国を夢みた女』（Ｐｈｉｌｉｐｐ　Ｖａｎｄｅｎｂｅｒｇ著、坂本明美訳／佑学社）／『イエス・キリストの謎と正体』（斎藤忠著／日本文芸社）／『手にとるように宗教がわかる本』（石井研士著／かんき出版）／『図解　ダ・ヴィンチの謎』（田辺清監修／宝島社）／二見文庫『ダ・ヴィンチの暗号99の謎』（福知怜著／二見書房）／『アーサー王伝説紀行』（加藤恭子著／中央公論社）／『アーサー王伝説』（アンヌ・ベルトゥロ著、村松剛監修、村上伸子訳／創元社）／『図説アーサー王百科』（クリストファー・スナイダー著、山本史郎訳／原書房）／『アレクサンダー大王　未完の世界帝国』（ピエール・ブリアン著、桜井万里子監修、福田素子訳／創元社）／『アレクサンドロス大王　その戦略と戦術』（パーサ・ボース著、鈴木主税・東郷えりか訳／集英社）／『大遠征　アレキサンダーの野望　ギリシャからアジアへの旅』（マイケル・ウッド著、吉野美耶子訳／ニュートンプレス）／『アレクサンドロス大王』（森谷公俊著／講談社）／『ジンギスカン』（小林高四郎著／岩波書店）／『スペイン　ゴヤへの旅』（中丸明著／文藝春秋）／『アインシュタイン　天才が歩んだ愛すべき人生』（デニス・ブライアン著、鈴木主税訳／三田出版会）／『アインシュタインの世界　天才物理学者に関する60の疑問』（平井正則監修、三品隆司＋studio HETERO編／PHP研究所）／徳間文庫『迷宮への招待　世界史15の謎』（桐生操著／徳間書店）／PHP文庫『イギリス怖くて不思議なお話』（桐生操著／PHP研究所）／ワニ文庫『世界史迷宮のミステリー』（桐生操著／KKベストセラーズ）／ワニ文庫『きれいなお城の呪われた話』（桐生操著／KKベストセラーズ）／『皇女アナスタシアは生きていたか』（桐生操著／新人物往来社）／ハヤカワ文庫『マタ・ハリ』（ラッセル・ウォーレン・ハウ著、高瀬素子訳／早川書房）／新潮文庫『チェーザレ・ボルジアあるいは優雅なる冷酷』（塩野七生著／新潮社）／講談社＋α文庫『死因を辿る』（五島雄一郎著／講談社）／『チャイコフスキーわが愛』（ジョージ・バランシン　ソロモン・ヴォルコフ共著、斉藤毅訳／新書館）／『旋律の魔術師チャイコフスキー』（森田稔著　／音楽之友社）／『謎の哲学者ピュタゴラス』（左近司祥子著／講談社）／岩波文庫『ギリシア哲学者列伝』（ディオゲネス・ラエルティオス著、加来彰俊訳／岩波書店）／『快人エジソン』（浜田和幸著／日本経済新聞社）／『エジソン』（ニール・ボールドウィン著、椿正晴訳／三田出版会）／『狂王伝説ルートヴィヒ二世』（関楠生著／河出書房新社）／『ルドルフ・ヘス暗殺』（ヒュー・トマス著、田中昌太郎訳／早川書房）／『聖女伝説エビータ』（ニコラス・フレイザー　マリサ・ナヴァーロ共著、阿尾正子訳／原書房）／『エビータ！　華麗なる生涯』（W・A・ハービンソン著、正田宗一郎訳／ダイナミックセラーズ出版）／『ゴッホ100年目の真実』（デイヴィッド・スウィートマン著、野中邦子訳／文藝春秋）／『二時間のゴッホ』（西岡文彦著／河出書房新社）／『ゴッホの死は他殺』（田中一郎著／星雲社）／『ゴッホ』（木下長宏編著／六耀社）／『色彩心理学』（西田虎一著／造形社）／『色の秘密』（野村順一著／文藝春秋）／『現代伝記全集7ヴァン・ゴッホ』（式場隆三郎著／日本書房）／『ゴッホ巡礼』（向田直幹、匠秀夫著／新潮社）／『フィンセント・ファン・ゴッホ』（インゴ・F・ヴァルター著／丸善）／『ダーウィンと謎のX氏』（ローレン・アイズリー著、垂水雄二訳／工作舎）／『ダーウィンに消された男』（アーノルド・C・ブラックマン著、羽田節子、新妻昭夫訳／朝日新聞社）／『ダーウィンをめぐる人々』松永俊男著／朝日新聞社）／『リンカーンのDNAと遺伝学の冒険』（フィリップ・R・レイリー著、高野利也訳／岩波書店）／『別冊歴史読本　皇女アナスタシアとロマノフ王朝』（新人物往来社）／『英国王室愛欲史話』（森下賢一著／徳間書店）／『女王エリザベス』クリストファー・ヒバート著、山本史郎訳／原書房）／『英国王と愛人たち』（森護著／河出書房新社）／『別冊歴史読本　世界王室スキャンダル』（新人物往来社）／『世界不思議百科』（コリン・ウィルソン&ダモン・ウィルソン共著、関口篤訳／青土社）／『毒薬の博物誌』（立木鷹志著／青弓社）／『毒薬の誕生』（山崎幹夫著／角川書店）／『世界史用語集』（全国歴史教育研究協議会編／山川出版社）／『PLAYBOY』、『新潮45』、『ムー』、『週刊現代』、『週刊読売』、『ナショナルジオグラフィック』、『スコラ』、『AERA』、『音楽の友』、ほか関連のホームページを参考にさせていただきました。

青春文庫

世界史《せかいし》の謎《なぞ》と暗号《あんごう》

ダ・ヴィンチ、ジャンヌ・ダルク、始皇帝《しこうてい》、モーツァルト…

2006年4月20日 第1刷

編　者　歴史《れきし》の謎研究会《なぞけんきゅうかい》

発行者　小澤源太郎

責任編集　株式会社プライム涌光

発行所　株式会社青春出版社

〒162-0056 東京都新宿区若松町12-1

電話 03-3203-2850（編集部）

03-3207-1916（営業部）

振替番号 00190-7-98602

印刷／共同印刷

製本／豊友社

ISBN 4-413-09338-0